LES
RELATIONS FRANCO-HELVÉTIQUES

DE 1789 à 1792

D'APRÈS LES ARCHIVES DU MINISTÈRE DES AFFAIRES ÉTRANGÈRES

THÈSE

Présentée à la Faculté des Lettres de l'Université de Besançon

PAR

Gustave GAUTHEROT

LICENCIÉ EN DROIT

PARIS

LIBRAIRIE HONORÉ CHAMPION, ÉDITEUR

5, QUAI MALAQUAIS, 5

1907

LES

RELATIONS FRANCO-HELVÉTIQUES

DE 1789 A 1792

DU MÊME AUTEUR

**LA RÉVOLUTION FRANÇAISE DANS L'ANCIEN
ÉVÉCHÉ DE BALE**

Tome I. — *La République Rauracienne.*
Tome II. — *Le Département du Mont-Terrible.*

LES
RELATIONS FRANCO–HELVÉTIQUES

DE 1789 à 1792

D'APRÈS LES ARCHIVES DU MINISTÈRE DES AFFAIRES ÉTRANGÈRES

THÈSE

Présentée à la Faculté des Lettres de l'Université de Besançon

PAR

Gustave GAUTHEROT

LICENCIÉ EN DROIT

PARIS

LIBRAIRIE HONORÉ CHAMPION, ÉDITEUR

5, QUAI MALAQUAIS, 5

—

1907

LES RELATIONS FRANCO-HELVÉTIQUES

DE 1789 A 1792

AVANT-PROPOS

Les relations franco-helvétiques de 1789 à 1792 présentent un réel intérêt, soit au point de vue de la politique internationale, à cause de la situation des cantons et de l'importance qu'avait pour nous leur neutralité ; soit au point de vue de la diffusion en Europe des idées révolutionnaires.

Jusqu'ici, en dehors de l'étude de M. Dunant (1), aucune publication documentaire n'avait complété celle des *Papiers de Barthélemy*, par Kaulek ; nous avons essayé de faire, pour les trois premières années de la Révolution, un travail qui lui serve quelque peu de complément ; mais comme nous ne pouvions donner à ce travail qu'une étendue très restreinte (conformément au décret du 29 juillet 1903 sur le doctorat ès lettres), nous avons adopté un plan tout différent.

(1) *Quellen zur Schweizer geschichte, XIX, Les relations diplomatiques de la France et de la République helvétique*, 1798-1803. (Voir notre ouvrage sur le *Département du Mont-Terrible*, chap. xiv et xviii.)

Dans une première partie, nous avons exposé dans leurs grandes lignes — et sans autre souci que celui d'être clair et exact — les diverses répercussions du mouvement révolutionnaire sur les Etats et les sujets helvétiques ; dans une seconde partie, nous avons résumé les documents les plus intéressants des affaires étrangères, et reproduit leurs passages essentiels. Le tout est précédé d'une introduction dans laquelle nous avons tracé un rapide tableau de l'histoire helvétique au xviiie siècle : l'intelligence de l'époque révolutionnaire en sera, nous l'espérons, facilitée.

Chacun de nos extraits est précédé des indications de volume, folio et date qui permettent de le retrouver aisément aux Archives du ministère. Une série unique de numéros d'ordre a en outre facilité les renvois aux pièces justificatives, dans la première partie. Le lecteur pourra ainsi se former lui-même une opinion, en toute connaissance de cause.

Bien que les documents résumés ne constituent qu'une faible partie des trois recueils auxquels ils appartiennent, nous estimons qu'ils représentent à peu près tout ce que l'historien peut y trouver d'utile : le reste n'intéresse même pas l'histoire anecdotique. Rapports de l'ambassade ou instructions ministérielles, réclamations des divers Etats helvétiques ou messages intercantonaux, lettres de meneurs révolutionnaires, d'émigrés ou de personnages plus ou moins officieux : tout cela concerne des incidents négligeables ou bien fait double emploi avec les pièces que nous avons mises en œuvre. Quant au jugement critique que nous avions à porter sur ces dernières, il a été en général bien simplifié, puisqu'en matière diplomatique les instruments authentiques des négociations valent par eux-mêmes. Quand il s'est agi, par contre, de relations d'événements comme les émeutes de Nancy, nous avons eu soin d'indiquer le degré de confiance que méritait, selon nous, le narrateur.

Si nous n'avions eu l'intention de nous en tenir aux seules archives du ministère, nous aurions pu puiser à d'autres sources, en particulier aux *Archives nationales* et à celles de Berne : les recherches auxquelles a donné lieu notre première thèse (1) nous permettent toutefois d'affirmer que nous n'aurions alors ajouté que très peu de choses à une publication sommaire qui devait se borner à l'essentiel.

Éviter de longues démarches et de fastidieuses recherches, rue de l'Université, ou donner seulement des indications précises qui leur servent de guides aux écrivains qui traiteront le point spécial d'histoire diplomatique et révolutionnaire dont nous nous sommes occupé : voilà notre but.

GUSTAVE GAUTHEROT.

_____

(1) Voir en particulier, *République Rauracienne*, chap. xvi, et *Département du Mont-Terrible*, chap. vi. — Voir aussi notre étude sur « Un casus-belli franco-helvétique en 1792 et 1793 », *Revue des Quest. Histor.*, janvier 1905.

INTRODUCTION

LA SUISSE AU XVIIIᵉ SIÈCLE.

« Il est un mal plus funeste que la guerre, dit
H. Zshokke, dans son *Histoire de la nation Suisse* :
c'est l'avilissement des peuples. Les plaies de la guerre
se réparent ; la dégradation morale conduit les peuples
au tombeau. Pendant la paix qui suit la bataille de *Vilmergen* jusqu'à la Révolution française, la Suisse en-
dura plus de calamités que dans toutes ses guerres contre la Bourgogne et l'Autriche. Car pendant les quatre-
vingts années de repos où se rouillèrent les épées des
Winckelried, des Fontana, des Halwyll et des Erlach, la
rouille de l'égoïsme et de l'orgueil acheva de ronger les
tables sur lesquelles était gravée la loyale alliance des
anciens suisses, et la vieille confédération se décomposa
comme un cadavre. En vain les fils dégénérés décorèrent
pompeusement le cadavre des armoiries de leurs aïeux
afin que l'on ne s'aperçut pas que l'esprit qui l'animait
autrefois l'avait abandonné. »

Vrai dans son ensemble, ce terrible jugement a tout
de même quelque chose de trop systématique.

Il est trop indulgent, en ce sens que les Suisses du
XVIIIᵉ siècle n'eurent pas seulement le malheur de lais-

ser rouiller leurs épées glorieuses ; ayant conquis à l'extérieur une paix définitive, ils retournèrent contre eux-mêmes leurs ardeurs belliqueuses, et arrosèrent le sol helvétique du sang de leurs frères.

Il est trop sévère aussi, car les dissensions dont nous allons tracer le tableau étaient moins une décomposition cadavérique qu'une fermentation féconde qui devait engendrer la patrie à une nouvelle vie (1).

*
* *

On sait que la nature de son sol, ses révolutions religieuses et ses rivalités intérieures, avaient empêché le Corps helvétique d'arriver à l'unité nationale, malgré les luttes séculaires qui avaient souvent associé ses forces contre les puissants États voisins.

Les treize cantons étaient autant de républiques indépendantes, possédant des constitutions essentiellement différentes. Ceux du Centre et du Nord-Est, — Schwitz, Uri, Unterwald, Zug, Glaris et Appenzell, — étaient des cantons « campagnes », gouvernés par des landammans, et des assemblées populaires appelées « landsgemeinden » ; ceux du Nord et de l'Ouest étaient des cantons urbains : Zurich, Bâle et Schaffouse étaient

___

(1) Dans les pages qui suivent, nous nous sommes principalement inspirés des ouvrages de H. Zsbokke (*Hist. de la nation suisse*, trad. par Monnard, Berne, 1843), Daendliker (*Hist. du peuple suisse*, trad. par Mme Jules Favre, Paris, 1879) ; Daguet (*Hist. de la Confédération Suisse*, Neuchâtel, 1861).

régis par des bourgmestres, chefs d'aristocraties marchandes ; Berne, Lucerne, Fribourg et Soleure avaient pour maîtres des avoyers, issus d'un patriciat féodal et militaire.

Malgré le titre de « Vorort » que portait Zurich, il n'existait point de gouvernement fédéral : la Diète de Frauenfeld n'était qu'une réunion de délégués qui n'avaient pas le droit d'engager en rien, sans leur en référer, les Etats qu'ils représentaient.

La dualité religieuse avait en outre amené la formation de deux ligues, avec diètes particulières : le Corps catholique, composé de Lucerne, Fribourg, Soleure, Zug, Uri, Schwitz et Unterwald ; et le Corps Évangélique, dont Berne et Zurich se disputaient la prééminence.

Au xviii° siècle, chacune de ces ligues revendiquait des droits égaux à ceux de la ligue adverse.

A côté des cantons, se trouvaient des *alliés* d'ordre et de qualité très divers. Ceux de *premier ordre* — Zugerwandte — avaient signé des traités soit avec le Corps helvétique, soit avec un ou plusieurs cantons : c'était l'abbé et la ville protestante de Saint-Gall ; le prince-évêque de Bâle et la république protestante de Bienne, sa vassale ; les villes impériales de Mulhouse, Rotweil et Strasbourg ; les trois Ligues grisonnes : le Valais, Genève et la principauté de Neuchâtel.

Les alliés de second ordre — Verwandte — jouissaient d'une sorte de protectorat : outre plusieurs seigneuries, abbayes et républiques suisses, comme

Gersau, ils comprenaient des villes, provinces ou Etats voisins, comme les quatre villes forestières rhénanes, la Franche-Comté et le Milanais.

Au-dessous des cantons, enfin, venaient les *pays sujets*, conquis aux xv° et xvi° siècles. Certains bailliages dépendaient de plusieurs cantons à la fois, surtout des huit cantons primitifs, comme l'Argovie, la Thurgovie et le Tessin. Le pays de Vaud dépendait de Berne ; le comté de Werdenberg, de Glaris ; le comté de Toggenbourg, de Saint-Gall ; la Valteline, des Grisons, etc.

Une féodalité de peuples dont les tendances et les intérêts étaient aussi opposés, semblait destinée à devenir la proie facile des puissantes monarchies voisines. Mais les ambitions de celles-ci se contrebalançaient les unes les autres, et l'Helvétie avait cherché à les mettre à profit.

Elle s'était peu à peu détachée de l'Empire dont les prétentions persistantes menaçaient encore l'indépendance des descendants de Guillaume Tell. L'Union héréditaire, rompue en 1511, avait été remplacée dès 1516 par la paix perpétuelle de Fribourg. En 1521, fut signée une alliance avec la Cour de *Versailles* : nos armées comptèrent alors 25.000 suisses, et les pensions royales créèrent au-delà du Jura une clientèle dévouée. L'annexion de la Franche-Comté et de Strasbourg, la Révocation de l'Edit de Nantes qui peupla la Suisse de soixante mille réfugiés français, la guerre de Succession d'Espagne qui amena les cantons catholiques à défen-

dre par les armes les droits de Philippe d'Anjou sur le
Milanais, ne détruisirent point l'entente cordiale : les
avantages concédés à l'Empereur par l'agent bernois
Saint-Saphorin, et le passage par Bâle des troupes
envahissantes de Mercy n'aboutirent du reste qu'à la
défaite de ce dernier et à la main-mise de la Prusse sur
le Neuchâtel. Le Corps helvétique comprit que son
intérêt était de jouir, dans la neutralité, des avantages
que lui assuraient ses « capitulations », et il nous four-
nit au xviiie siècle jusqu'à quatre-vingt mille mercenaires.

*
* *

Tandis que les plus vaillants de ses fils étaient allés
porter au service de l'étranger « les épées des Winckelried, des Fontana, des Halwyll et des Erlach », la
Suisse, comme nous l'avons dit, se déchira elle-même
dans de fratricides querelles.

La première fut la guerre religieuse du Toggenbourg.

Cette vallée « sujette » saint-gallienne, dont la population était en majeure partie réformée, jouissait
de libertés très étendues et avait conclu des alliances
avec Schwitz et Glaris.

En 1702, le prince-abbé Leodegar, fils d'un cordon-
nier lucernois, avait méconnu les chartes octroyées par
ses prédécesseurs, négligé de réunir les landsgemeinden, et négocié une entente avec l'empereur Léopold Ier.

Les rivalités confessionnelles jointes aux passions

politiques, eurent beau jeu d'exploiter l'arbitraire de
Leodegar. Glaris, inspiré par Zurich, et Schwitz,
poussé par le demagogue Joseph Stadler, aubergiste de
la Tour-Rouge, envoyèrent des secours aux Toggenbourgeois qui se constituèrent en gouvernement populaire dans une landsgemeinde de cinq mille citoyens
(1707).

S'il ne s'était point produit d'autre intervention, le
conflit se serait bientôt apaisé. Les *Doux* catholiques
annihilèrent en effet les efforts des *Durs* protestants, et
parvinrent à détacher Schwitz de la coalition contre le
prince : Stadler, première victime de ces luttes inex-
piables, fut exécuté.

Mais Zurich et Berne ne permirent point à l'incendie
de s'éteindre. Ils empêchèrent les révoltés de s'accommoder avec le prince-abbé et leur envoyèrent cinq
mille soldats. Le général Bodmer pilla l'abbaye de
Saint-Gall dont la sonnerie et la bibliothèque furent
transportées à Zurich.

La violence appelant la violence, l'armée protestante
comprit bientôt 64.000 hommes, et celle des catholiques 20.000, dont 12.000 lucernois, encouragés par
l'ambassadeur français Du Luc.

Au combat des Buissons de Bremgarten (1712), les
3.500 mousquetaires lucernois du colonel Conrad de
Sonnenberg enfoncèrent d'abord les 7.000 soldats
de Berne ; mais l'arrière-garde protestante rallia les
fuyards, remporta la victoire et s'empara de Baden.

Uri et Lucerne signèrent l'armistice d'Aarau, armistice bientôt dénoncé sous la pression des paysans catholiques qui exigèrent une revanche.

A Vilmergen, les protestants furent encore vainqueurs et imposèrent à leurs adversaires la paix d'Aarau.

Les Toggenbourgeois, dont les droits n'avaient été que des prétextes, restèrent sujets du prince-abbé et envoyèrent à Berne des députés pour s'en plaindre : « Il n'est nulle part de mode, — leur répondit en ricanant l'avoyer Willading, — de faire des seigneurs avec des paysans. »

Les ruines accumulées durant cette guerre civile furent, hélas ! peu de chose, en comparaison de ses lamentables suites. L'intérêt de parti fit perdre de vue l'intérêt national. Berne conclut une alliance perpétuelle avec les Pays-Bas et l'Angleterre (1713). Les cantons catholiques, dont les magistrats et le peuple se rendaient mutuellement responsables de leurs récentes défaites, se jetèrent dans les bras de la France. Bessler, landschreiber d'Uri, harangua Louis XIV à genoux, et si le grand roi se borna à conclure l'alliance de Soleure, c'est qu'il craignit un conflit européen : par le Truckli-Bund, — appelée ainsi parce que le texte en resta enfermé dans une mystérieuse cassette, — il s'engagea à faire restituer aux vaincus tous les avantages perdus (1).

---

(1) Fechter, *Eid. abschiede* de 1712 à 1743, p. 1378.

L'épée de Damoclès suspendue sur la tête des protestants était d'autant plus de nature à les exaspérer
qu'ils pouvaient accuser les catholiques de favoriser les
projets de démembrement du Corps helvétique tramés
alors à Versailles et à Vienne. Le chancelier de Léopold Ier, Paul de Hocher, dans son testament politique,
avait conseillé à l'empereur de simuler l'agneau en attendant qu'il pût se montrer lion. Charles VI croyant
le moment venu de sortir les griffes, proposa, en 1712,
l'incorporation de la Suisse orientale : le premier roi
de Prusse, prince de Neuchâtel, s'y opposa. En 1714,
on en reparla au Congrès de Baden, mais le projet fut
désapprouvé par Eugène de Savoie et Villars, les deux
grands capitaines auxquels appartenait la solution des
questions réservées par le traité d'Utrecht.

Restée ainsi maîtresse de ses destinées, il sembla
qu'un mauvais génie poussât la Suisse à s'en montrer
indigne.

.·.

Les luttes intestines pour la conquête du pouvoir
s'accompagnèrent des plus honteux excès et plongè-
rent certains cantons dans une décadence qui explique
le jugement d'un Zshokke.

Les États démocratiques de Zug, Schwitz et Appenzell furent en proie aux ardentes rivalités des Rudes et
des Doux, adversaires ou partisans des hommes au pouvoir.

Zug était gouvernée par un « amman » prévarica-
teur, injuste et adonné à la boisson, Fidèle Zurlauben.
La moindre de ses exactions était de conserver pour
lui l'argent et le produit des sels de France. Le conseiller Schumacher, — petit-fils d'une sorcière brûlée vive
sur l'ordre d'un Zurlauben, — s'acharna à sa perte, obtint, en 1731, son bannissement pour « cent-un ans », et
fit distribuer au peuple ses biens évalués à 16.715 florins.
Mais, nommé à sa place à la première magistrature de
la cité, Schumacher eut une conduite plus scandaleuse
et plus tyrannique encore. Il régna par la terreur, em-
prisonna les partisans de Zurlauben, les exila ou les
accabla d'amendes exorbitantes. Des trente-six membres du Conseil, il n'en conserva que quatre, et employa la fortune des autres à fortifier la ville. Dans les
assemblées publiques, toute velléité de résistance était
punie de peines infamantes, et amenait des menaces de
mort.

La France, avec laquelle toute relation avait été rompue au mépris des traités, employa son or à renverser
le dictateur. Le 13 février 1735, il fut saisi en plein conseil par douze soldats, conduit au gibet où il avait fait
clouer les effigies de ses ennemis, et contraint par le
bourreau à les porter sur ses épaules à l'hôtel de ville.
La peine de mort, réclamée par les bourgeois, fut
commuée, sur l'intervention du clergé, en détention
perpétuelle sur les galères sardes. Enchaîné à Turin
avec un criminel, le condamné mourut d'un accès de
fièvre chaude.

A Schwitz, l'aubergiste Pfeil et le tailleur Stœckeli ameutèrent le peuple contre le lieutenant général au service de la France, Reding. En son absence, sa femme, Elisabeth, continua à lever des troupes malgré la défense du gouvernement cantonal, et les menaces des paysans armés de piques : elle fut condamnée dans la Landsgemeinde à payer trente batz à chacun des six mille citoyens.

La France, encore, se chargea de venger Elisabeth. Tous les schwitzois à son service furent licenciés, même les concierges et les jardiniers des châteaux royaux. Privé ainsi d'une source abondante de profits, le peuple s'insurgea contre ses magistrats : deux d'entre eux furent condamnés à payer un demi-écu à chaque citoyen, et le général Reding fut élu landamman. Quand à Pfeil, la landsgemeinde du 26 mai 1765, — qui était la trente-huitième depuis deux ans, — lui interdit de se mêler à l'avenir des affaires publiques.

Dans les Rhodes extérieures, on vit de vieux magistrats maltraités et épilés par le peuple en fureur auquel ils prêchaient la paix : « J'aime mieux mourir, s'écria le savant et éloquent Dr Zellweger, que de vivre en esclave au sein d'un peuple qui se dit libre. »

Dans les Rhodes intérieures, on vit un landamman, le brave aubergiste J. Souter, attiré dans un infâme guet-apens, trois fois torturé et envoyé en exil : vingt juges avaient fait insérer au protocole leur protestation contre l'odieuse sentence.

Dans les Grisons, les partisans du général baron de Travers d'Ortenstein, et ceux du diplomate Ulysse de Salis Marchlins, oublièrent les intérêts de leur patrie, négocièrent avec Venise et l'Autriche et préparèrent une émigration qui peupla les villes d'Europe de cafetiers et de confiseurs.

Les États aristocratiques n'avaient point échappé, d'ailleurs, à la corruption générale.

Fribourg posséda son Catilina : Gottrau-Treyfaye, seigneur de Villariaz et ex-colonel au service de l'Autriche . Ce patricien ruiné et de mauvaises mœurs forma, sous le couvert de la franc-maçonnerie, une société de bourgeois et de jeunes aristocrates qui devaient assurer sa nomination à la dignité d'avoyer. Accusé de complot contre la sûreté de l'Etat, il fut banni pour cent-un ans, et n'aurait peut-être point échappé à la peine de mort si vingt-huit de ses parents n'avaient siégé dans les Deux-Cents.

A Lucerne, enfin, le « péculat » ou vol des deniers publics semblait être devenu la tare héréditaire des familles régnantes. Pour soutenir leur luxe effréné, elles puisaient sans vergogne dans le Trésor, comme ce Meyer de Schauensee qui y laissa en 1729 un déficit de 44.000 florins. Une ordonnance secrète de 1770 mit le sceau à ces déprédations en décrétant que les concussionnaires seraient tenus à restitution, mais sans que leur honneur en souffrît ni qu'on pût les rechercher pour ce fait !

*
* *

D'autres complots et d'autres soulèvements populaires eurent des causes plus nobles que les précédents : la
défense des droits et la conquête de la liberté.

Le plus tragique de ces complots fut celui du major
Davel, héros mystique, qui voulut, en 1723, délivrer le
pays de Vaud de la domination bernoise.

Profitant de l'absence des baillis, alors à Berne pour
les élections, cet ancien soldat de Marlborough et du
Prince Eugène, convoqua son bataillon, entra à Lausanne tambour battant, et demanda tout uniment au
Conseil de ville d'ériger sa patrie en quatorzième canton. On l'invita courtoisement à dîner, tout en ayant
soin de loger hors de ville officiers et sous-officiers,
d'armer la bourgeoisie et d'envoyer d'urgence un courrier aux magnifiques seigneurs suzerains. Au moment
où il montait à cheval, en grand uniforme, pour aller
soulever les environs, le major fut arrêté et dut remettre son épée. Durant la torture, les ongles lui sautèrent
des pouces : « Jour heureux ! s'écria-t-il. Je suis dans
les fers pour la gloire de Dieu et de ma patrie. » Les
propriétaires de la rue du Bourg, exerçant leur droit
séculaire de haute justice, le condamnèrent à mort par
trente voix sur trente et une : il mourut en exhortant
le peuple à la vertu...

A Berne même, en 1749, un autre officier, le capitaine Henzi, paya lui aussi de sa vie une tentative plus

folle encore. A cette époque, le népotisme oligarchique
était tel dans la république, que sur 360 familles inscrites
au Livre d'Or, 75 seulement gouvernaient, parmi lesquelles 14 voyaient 127 de leurs membres faire la loi
au grand Conseil. Henzi recruta soixante-dix conjurés,
et se prépara à supprimer, à tuer même, les Deux-Cents.
Dénoncé par un traître, il avala la liste de ses partisans
en présence de ses juges. Le bourreau dut s'y reprendre à deux fois pour l'achever : « Tu exécutes comme
tes maîtres jugent, lui dit-il après le premier coup ;
tout est donc corrompu dans cette république ! »

Des attentats ou des soulèvements politiques analo-
gues, sans liens entre eux d'ailleurs, firent couler le sang
à Porrentruy, à Zurich, à Einsiedeln, à Neuchâtel et à
Fribourg. Dans cette dernière ville, l'alchimiste ruiné
et aide-major Chenaux avait armé contre l'aristoratie
de nombreuses bandes de mécontents : paysans, bourgeois et nobles étrangers, tous sans droits dans la ville.
Les troupes de Berne en avaient eu raison, et Chenaux,
mis en fuite, avait été assassiné par deux de ses partisans, puis écartelé ; sa tête surmonta pendant quelque
temps la tour de la porte de Romont. L'avocat Castella,
patricien déchu, fut exécuté en effigie, et alla rédiger
des libelles clandestins à Carouge et à Neuchâtel,
avant de venir à Paris fonder avec ses affidés le Club
des Suisses.

A Genève, l'opposition, mieux constituée, ne se laissa
point vaincre aussi facilement. Déjà en 1734-1738, les

« Représentants » avaient arraché certains droits aux
Négatifs ; en 1766-1768, alors que Rousseau répondait
par ses « *Lettres de la montagne* » aux « *Lettres de la
campagne* » du procureur général Tronchin, le gouvernement dut accorder à la bourgeoisie le droit d'élire
la moitié des membres du grand Conseil et de révoquer
quatre membres du petit Conseil. En 1782, les simples
« Natifs », protégés par Voltaire, marchèrent à leur
tour à la conquête du pouvoir : lorsque les six mille
Français du marquis de Jaucourt, les trois mille sardes
du comte de la Marmora et les deux mille bernois du
général Lentulus arrivèrent dans la ville pour y rétablir
l'ordre, Clavière, Du Roveraz et vingt-deux chefs de l'insurrection échappèrent au châtiment en s'enfuyant sur
le lac. La Révolution devait les venger.

Elle commençait d'ailleurs à travailler les esprits
indépendants et à les unir contre l'ancien régime par
dessus les barrières des castes et des cantons. La Société
helvétique avait été fondée, au sein de laquelle le chanoine soleurois Gugger prêchait la souveraineté du peuple, tandis que le citoyen Stockar, de Schaffouse, demandait que tous les États libres de la Suisse fussent con-
fondus en un seul avec des droits et des devoirs égaux
pour tous. La réalisation de ce rêve fut préparée par
des écoles « à la Rousseau », où le zurichois Pestalozzi
instruisait par intuition et enseignait, avec les sciences
applicables à la vie, les vertus « patriotiques », les sentiments « humains » et la « tolérance » religieuse...

*
* *

Le vieil édifice helvétique, vermoulu et craquant déjà de toutes parts, semblait donc destiné à de prochaines catastrophes. Pourtant, au milieu même de ces ruines politiques, se développaient des germes de vie : l'âme de l'Helvétie y palpitait librement, se souvenait de son passé, et élaborait l'avenir.

Le XVIII° siècle fut en effet pour la Suisse un âge d'or au point de vue littéraire, scientifique et artistique. Zurich, l'Athènes de la Suisse allemande, Lausanne où Voltaire séjourna trois hivers, Genève, Bâle et Berne possédèrent des écoles qui rivalisèrent d'éclat, et dont les maîtres eurent bientôt une réputation européenne. Il suffirait de citer le bâlois J. Bernouilli, rival de Leibniz, et le mathématicien Euler, son illustre élève ; le poète bernois Albert de Haller, esprit universel qui fut le plus noble défenseur du spiritualisme, refusa de se commettre avec les novateurs dangereux de la Société helvétique et chanta les grandeurs de la patrie en en déplorant la décadence : « Dis-moi, o Helvétie, patrie des héros, en quoi ton ancien peuple est parent de celui-ci (1) ? »

La seule école de Zurich produisit toute une pléiade de savants : les critiques J.J. Bodmer et J. J. Breitinger, qui remplacèrent le culte des auteurs français par

_____

(1) Voir Saint-René Taillandier, La Suisse chrétienne et la philosophie au XVIII° siècle, *Revue des Deux-Mondes*, 15 mars 1862.

celui des écrivains anglais, Shakespeare et Milton, et
qui publièrent des fragments de l'Iliade germanique,
les Niebelungen ; le poète pastoral Gessner, qui dépei-
gnit les splendeurs de la nature helvétique avec l'art
d'un Théocrite ; le philosophe mystique Lavater, qui
consacra sa vie à fonder « l'art de connaître les hommes
d'après leur physionomie » ; l' « instituteur » Pestalozzi,
père de l'enfance malheureuse et de l'éducation populaire.

Ajoutons à ces noms celui de Jean de Muller, né à
Schaffouse, éminent historien de la Confédération, plus
tard ministre du royaume de Westphalie ; et ceux des
compatriotes de Rousseau, B. de Saussure, Necker,
Clavière et Mallet-Dupan.

On sait que c'est à Yverdon que fut imprimée l'*En-
cyclopédie*.

D'esprit plus large encore que les philosophes, les ar-
tistes allèrent puiser leurs inspirations aux sources anti-
ques et dans les grands musées de l'étranger. Angelica
Kauffmann, de Coire, peignit, à Florence, des portraits
remarquables de finesse, de coloris et de chaleur ;
Henri Fusseli, de Zurich, admirateur de Michel-Ange
et de Skakespeare, se fixa à Londres en 1776, et donna
une forme saisissante aux idées les plus abstraites ;
Alexandre Trippel sculpta à Londres, et entra à l'Aca-
démie de Copenhague.

*
* *

Les richesses intellectuelles sont généralement en-
gendrées par les richesses matérielles.

De fait, la Suisse du xviii° siècle jouit d'une grande
prospérité : « L'Italie et la France ont une population
clairsemée, pauvre et misérable, écrit alors l'historien
anglais Schuler, dans ses *Faits et coutumes des confédérés* (1) ; il en est autrement de la Suisse où elle four-
mille. Bien que la nation ne soit pas riche, il n'y a point
chez elle de misère ; la plupart des habitants vivent des
produits de leurs terres. Partout les maisons sont en
bon état ; les grandes routes sont bien entretenues ; le
peuple est bien vêtu, et jouit du bien-être de l'aisance.
Les paysans français sont logés dans de mauvaises chau-
mières, ne renfermant que quelques meubles insuffisants
et grossiers et de misérables lits ; tandis qu'en Suisse,
ils ont non seulement le mobilier nécessaire, mais le
confortable et même le beau linge blanc. »

Ce bien-être était encore accru par de nombreuses
sociétés économiques agricoles. Elles étudiaient les
cultures nouvelles à introduire en Suisse, les engrais
à employer, et les irrigations à effectuer ; elles fondè-
rent même des caisses d'épargne et des assurances mu-
tuelles.

Le commerce et l'industrie atteignirent un développement inouï jusque-là. Trente à quarante mille personnes fabriquèrent les broderies de Saint-Gall et les

(1) T. II, p. 129.

mousselines d'Appenzell ; six mille ouvriers horlogers
firent la fortune des ateliers de Genève. Schwiz, Glaris,
Zurich et Bâle produisirent en abondance les étoffes de
coton et de soie. Les revenus de Berne atteignirent quatre cent mille écus, ce qui permit aux envahisseurs d'y
trouver plus tard un trésor de cinquante millions. Les
capitalistes helvétiques devinrent les banquiers des rois,
et dans les régiments au service de la France, il fallut
remplacer par des Allemands les nombreux soldats
suisses devenus ouvriers, industriels ou marchands.

* *
*

Le temps était venu où les cantons devaient consen-
tir à aliéner quelque peu leur indépendance pour per-
pétuer les bienfaits d'une paix aussi précieuse.

Sous Louis XV, malgré les largesses de nos ambassa-
deurs, ils avaient refusé constamment de renouer avec
nous les traités d'alliance des siècles précédents : les
catholiques, parce que le roi n'avait point exécuté
encore le Trücklibund ; les réformés, sur les conseils
de Haller et de Lavater, par vieil esprit d'opposition.

En 1772, le démembrement de la Pologne leur causa
un salutaire effroi. On parla d'un compromis entre
Vienne, Versailles et Turin, et on crut le moment
fatal arrivé lorsqu'on apprit que Joseph II parcourait le
pays sous le nom de comte de Falkenstein : « Ne vois-tu
pas — écrivait Jean de Muller — le fils de Marie-Thé-
rèse, les yeux étincelants, l'épée flamboyante... ne res-
pirer que la guerre contre les Suisses ! »

La Diète de Soleure n'hésita plus : en mai 1777, elle renouvela son alliance avec nous pour cinquante années ; elle l'aurait même déclarée perpétuelle, si les protestants n'avaient refusé de se reconnaître le droit de « lier leurs descendants ». Les représentants des cantons se rendirent en corps à l'hôtel de l'ambassadeur et lui firent cortège à l'Eglise et au lieu des délibérations. Ils promirent six mille hommes en sus des troupes ordinaires, pour le cas d'invasion ; nous nous engagions par contre à leur fournir notre appui en cas de danger. Des chaînes d'or leur furent distribuées avec des médailles commémoratives...

Elles ne tardèrent point à leur peser. Tandis que les assemblées de Frauenfeld devenaient plus languissantes et plus stériles que jamais, celles de Schinznach et d'Olten, où se réunissait la Société helvétique, devenaient fréquentées et plus actives. C'était un foyer à la fois anti-français et révolutionnaire. Le marquis d'Entragues, ambassadeur, se vit refuser l'entrée de la Société, et son successeur, de Beauteville, la dénonça à la vindicte du roi. Berne, dont l'oligarchie protestante nous était toute dévouée, au moins par intérêt ; Fribourg, patrie du comte d'Affry et de nombreux officiers ; et Lucerne, premier canton catholique, interdirent bien la fréquentation des réunions de la Société, ainsi que la vente de certains de ses ouvrages : elle chercha un imprimeur à Boston, et n'en continua pas moins à grouper ou à encourager les mécontents. Bâle et Zurich étaient du reste plus favorables aux idées nouvelles, et à Paris même, avec Dumont, du Roveraz, Reybaz, Clavière, Castella et d'autres bannis, le Club helvétique devint un centre ardent de propagande qui travailla les régiments, excita les passions populaires et fomenta partout l'insurrection contre les institutions du passé.

Telles étaient les difficultés de la situation lorsque le marquis de Vérac vint remplacer le marquis de Vergennes, en mars 1789, auprès du Corps helvétique.

« Décomposée comme un cadavre », la vieille Confédération, avec l'aide de la France « régénératrice », allait employer les richesses de sa décadence à la fondation d'une République nouvelle.

PREMIÈRE PARTIE

LA SUISSE ET LA RÉVOLUTION
DE VERGENNES A BARTHÉLEMY

D'APRÈS LES ARCHIVES DU MINISTÈRE DES AFFAIRES ÉTRANGÈRES

CHAPITRE PREMIER

L'AMBASSADEUR DE VÉRAC. — MANIFESTATIONS RÉVOLUTION-
NAIRES EN FRANCE DANS LES RÉGIMENTS SUISSES.

1. — L'ambassadeur de Vérac.

Charles Olivier de Saint-Georges, marquis de Vérac,
avait été lieutenant général du Poitou, comme son père,
son aïeul et son bisaïeul (1). Il avait épousé la fille du
duc de Havré, et eut par conséquent pour belle-sœur
la duchesse de Tourzel, gouvernante des enfants de
Louis XVI. En 1761, aide de camp de son beau-père à la
bataille de Fillinghausen, il fut grièvement blessé par
le même boulet qui tua le duc de Havré et le marquis
de Rougé. Ses doigts de la main droite restèrent paraly-

(1) Le comte de Rougé, descendant d'une troisième fille du duc
d'Havré, a publié un ouvrage intitulé : *Le marquis de Vérac et ses
amis*, 1768-1858. Il s'agit du fils de l'ambassadeur.

sés et il dut renoncer à la carrière des armes. Il fut né-
anmoins nommé colonel du régiment des grenadiers de
France en 1767, et maître de camp du Royal-Dragon en
1772. La même année, il entra dans la diplomatie qu'il
ne devait plus quitter.

Successivement ministre plénipotentiaire à Cassel, à
Copenhague (où mourut la marquise), à St-Pétersbourg
et à La Haye, il se fit surtout remarquer par l'éclat de
ses réceptions, la somptuosité de ses équipages et le
charme de ses manières : c'était un grand seigneur français, qui mangeait une terre par ambassade. Absorbé par
ses soucis mondains, il semble avoir donné peu de soins
aux affaires du roi, — ou s'être fait désavouer quand
par aventure il voulut s'en mêler, comme à la Haye. Sa
dernière nomination à Soleure ne prouve point du
reste qu'on le réservait pour des postes bien importants :
là, il fut la dupe de son propre fils, et ne soupçonna
jamais les relations qu'entretint ce dernier avec Breteuil par l'intermédiaire de gardes du corps déguisés en
bourgeois. S'il les avait apprises, il est probable qu'il ne
les aurait point désavouées, car il resta inébranlable-
ment dévoué au *parti de la cour*.

C'est le 19 mars 1789 que le ministre Montmorin lui
annonça sa nomination à l'ambassade suisse en rempla-
cement du marquis de Vergennes (4) [1]. Comme une

_____

(1) Les chiffres placés entre parenthèses renvoient aux numéros
des résumés et extraits de la seconde partie.

seule lettre de créance, contrairement aux usages, fut alors remise au Directoire de Zurich pour tous les États, Vérac chercha à donner satisfaction à la République de Genève qui demanda communication de cette lettre : en février 1790, l'incident n'était pas encore réglé (6).

Les graves événements qui se déroulaient en France ne permettaient point d'ailleurs au ministre de prêter attention aux réclamations de l'ambassadeur : les lettres de Vérac restaient sans réponse pendant de longs mois, même celles qui avaient pour objet l'application des décrets de l'Assemblée nationale. Il ne put arriver à savoir ce qu'il avait à faire pour la prestation du serment, et il finit par envoyer à Paris une formule dépourvue de sceau, vu qu'il n'en possédait point pour remplacer le sien propre, devenu illégal (8 et 9). A l'avenir, il ne devait plus autant s'inquiéter de la légalité révolutionnaire.

2. — L'arrestation du baron de Besenval.

Les régiments suisses étaient considérés — et avec raison — comme les défenseurs intransigeants du roi qui les soldait : ceux qui voulaient affaiblir Louis XVI, lui enlever ses armes contre la Révolution, cherchaient donc à les discréditer et à les désorganiser.

La première victime de cet état d'esprit fut le lieutenant-général baron de Besenval, lieutenant-colonel du régiment des gardes suisses. Autorisé à regagner ses foyers, il fut arrêté en route à Brie-Comte-Robert, et le

30 juillet 1789, à 11 heures du soir, la Commune de Paris ordonna de le tenir sous bonne garde. Les districts de l'Oratoire, des Blancs-Manteaux et des Enfants-Rouges demandèrent qu'il fût conservé prisonnier comme coupable du *crime de lèse-nation*, et le 31 juillet, une lettre anonyme des citoyens de Paris à l'Assemblée nationale protesta contre la pensée d'amnistier ce *scélérat* qui voulait *faire égorger les femmes et les enfants de Paris* [1].

Grande fut aussitôt l'émotion dans les cantons : Soleure, dont Besenval était citoyen, Berne, Lucerne et Zurich invoquèrent les capitulations qui étaient violées, l'honneur du Corps helvétique, qui était compromis, les droits les plus essentiels de leurs concitoyens, qui étaient foulés aux pieds (10, 11, 12). Les décisions du « Tribunal des capitaines des gardes » devaient être respectées, et les soldats suisses étaient avertis qu'au cas où les excès dont ils s'étaient rendus coupables ne cesseraient point, ils seraient punis corporellement, bannis, frappés de confiscation, et même, selon les cas, condamnés à mort (14, 15). Plusieurs Etats demandaient en même temps la réunion d'une Diète extraordinaire (13) et arrêtaient toute négociation relative au renouvellement des capitulations. L'ambassade de Vérac, arrivé à Soleure sur ces entrefaites, commençait sous d'heureux auspices !

Le 14 octobre, le rapport du Comité des recherches

(1) *Recueil de Tuetey*, t. I, n° 1115.

à l'Assemblée nationale, rapport qui innocentait absolument Besenval [1], permit de croire au dénouement
heureux d'un incident d'autant plus extraordinaire que
l'officier franc-maçon qui en était la victime avait donné
au parti révolutionnaire, le 14 juillet, les gages les plus
précieux [2]. Mais l'Assemblée ne se laissa point persuader, et le colonel, comte d'Affry, dut écrire à Montmorin, le 16 octobre 1789, que le Corps helvétique
exigeait que l'accusé fût rendu à ses juges naturels (10).
Cela n'empêcha point Besenval de comparaître, le
20 novembre, avec de Barentin, de Broglie, de Puységur et d'Autichamp devant le tribunal du Châtelet : le
rapporteur Boucher d'Argis devait payer de sa tête l'ac-
quittement qu'il obtint alors.

3. — L'insurrection du régiment de Châteauvieux.

Les événements qui se déroulèrent à Nancy du
10 août au 4 septembre 1790, ou plutôt les suites de
ces événements montrèrent bien mieux encore que
l'arrestation de Besenval les procédés arbitraires qui
auraient transformé les Suisses en ennemis déclarés,
dès le début de la Révolution, si la rupture avec nous
n'avait été encore plus dangereuse pour eux qu'une ré-
signation sans bornes.

On sait que les soldats de Châteauvieux s'étaient révoltés à main armée contre leurs officiers et avaient ter-

(1) *Recueil de Tueley*, nº 1132.
(2) Besenval immobilisa ses 35.000 hommes au Champ de Mars.

rorisé Nancy pendant plusieurs jours: le plaidoyer composé après coup, qu'envoyèrent à Montmorin, en juin
1791, les prétendus « députés extraordinaires de Brest»,
laisse percer la vérité (24) [1]. Ce plaidoyer avait pour
but de préparer une triomphale revanche aux émeutiers
punis de galères. Pour cela, il fallait vaincre la sévérité
de la Cour qui avait elle-même réclamé des cantons les
peines les plus sévères (18), et l'indignation du Corps
helvétique qui voulait à tout prix enrayer une indiscipline fatale à ses précieux régiments. Le Directoire de
Zurich exigeait surtout qu'on dérobât les troupes à l'ac-
tion dissolvante du «Club des Suisses» (21). En septembre 1790, La Tour du Pin annonça la cassation des corps
rebelles et leur expulsion prochaine du royaume (21).
Mais la Révolution grandissante transforma presque en
héros les criminels de Nancy de telle sorte , qu'en mai
1791, Montmorin en personne écrivit au comte d'Affry
pour appuyer le mémoire des députés brestois, Gowy
et Raby. D'Affry se retrancha d'abord derrière la volonté souveraine du Corps helvétique ; puis, dans une
lettre du 28 juillet aux deux jacobins, il déclara que les
cantons se laisseraient sûrement fléchir par le vœu de la
nation française . Les humbles expressions qui termi-
naient sa lettre sont un monument caractéristique de
ce qu'était devenue la mentalité du haut commande-
ment (24).

(1) Une pièce du 25 septembre (22) donne le tableau des 16 compagnies de Châteauvieux.

Gowy et Raby partirent alors en Suisse, recomman-
dés à Bacher par le ministre des relations extérieures,
désireux de concourir à un acte d'humanité (26). Le
chargé d'affaires les accueillit naturellement en amis
(27) ; mais ils se heurtèrent au veto des cantons, qui
eux avaient encore un gouvernement. Il fallut donc que
l'Assemblée nationale leur imposât sa volonté : le 15
septembre 1791, un décret étendit aux soldats suisses
l'amnistie pour faits de révolution (28), et le 12 février
1792, « rien n'étant plus urgent qu'un acte d'humanité », un autre décret libéra d'office les quarante détenus de Brest.

Une violation aussi formelle des capitulations n'était
qu'un commencement

4. — Violation des capitulations.

En octobre 1790, la municipalité de Belfort imposa
à deux officiers suisses habitant la ville 1.800 livres de
dons patriotiques, 400 livres de contributions person-
nelles et le logement de plusieurs soldats. D'Affry
protesta contre une application du principe d'égalité
qui tenait si peu de compte des traités (31), et Montmorin exigea le retrait de mesures qui pouvaient nous
priver de l'amitié et de la confiance du Corps helvétique (32).

En mars 1791, nouvelle insurrection à Nancy, cette
fois contre un régiment Suisse, celui de Vigier qui était
de passage dans cette ville. On le punit par de san-

glantes injures de la conduite énergique qu'il y avait
tenue en août 1790, et il dut repartir sans désemparer
pour Saint-Nicolas (34).

En juillet, c'est le gouvernement lui-même qui sème
l'alarme dans les cantons en faisant occuper le Comtat
d'Avignon par les soldats de Sonnenberg (ce qui at-
teint gravement l'honneur national helvétique) (35), et
en appliquant aux sujets suisses les décrets de l'Assemblée sur les assignats et le serment (423, 122).

En août, méconnaissance formelle et publique des
lois fribourgeoises : le régiment de Vigier ayant reçu
la défense expresse de fréquenter les clubs, le Directoire du Bas-Rhin déclara que les lois nationales pouvaient seules être reconnues en France, et interdit par
conséquent la lecture de la proclamation de Fribourg.
Delessart protesta bien contre un pareil abus de pouvoir : mais tous les ministres du monde étaient radica-
lement impuissants à maîtriser un torrent déchaîné qui
débordait déjà au delà de nos frontières.

CHAPITRE II

1. — Emigrés et conspirateurs.

Bien que l'intérêt que nous avions à sauvegarder la neutralité de la Suisse nous ait empêchés de l'occuper avant 1797, on peut dire que l'invasion commença dès 1789, grâce aux nombreux émissaires révolutionnaires qui allèrent y prêcher le nouvel évangile. Que s'ils ne réussirent en somme qu'à y faire éclater des troubles locaux, cela tint à la multiplicité des barrières que leur opposèrent les gouvernements aristocratiques des cantons.

Ils furent accompagnés au delà du Jura par des familles d'émigrés qui, au début de 1790, atteignaient une centaine. Elles séjournèrent surtout dans les Etats catholiques et limitrophes, Soleure, Neuchâtel et Berne. Les Liancourt, les La Rochefoucauld et les Sablé habitaient l'hôtel même de l'ambassade (44).

Ces exilés étaient souvent dénoncés comme des conspirateurs (45). Bacher, dont toute la diplomatie consistait à raconter, sans aucun jugement critique, les on-dit de la rue, et à épouser les idées du jour pour satisfaire

C. — 3

une ambition absolument disproportionnée avec la vul-
garité de son esprit, Bacher dévoilait les intrigues téné-
breuses des légions de Bussy et de « Mirabeau Cadet »
(46), les mouvements de l'armée du cardinal de Rohan,
les conciliabules des amis de Condé (47, 48, 49). Il ne
dissimulait point leur dénuement, du reste, et rapportait
qu'ils ne comptaient plus que sur les secours du roi de
Prusse. Quant à lui, resté seul à Soleure, à la fin de 1791,
comme secrétaire d'ambassade, et privé d'instructions,
il ne savait où donner de la tête et attendait avec anxiété
l'arrivée du « nouveau patron » (50).

2. — Les troubles de Genève (1789).

La Révolution avait été introduite en Suisse par Genève. République d'exilés, souvent bouleversée par les
passions religieuses et politiques, placée sous le protectorat plus ou moins étroit de plusieurs États (France,
Berne, Zurich), cette ville était d'autant plus accessible
aux idées nouvelles qu'elle était retombée, depuis 1782,
entre les mains du parti aristocratique.

En janvier 1789, la Chambre chargée d'alimenter la
ville avait réussi, grâce à de lourds sacrifices, à maintenir le prix du pain à 4 et 6 sols et demi, au lieu de 5 et
7 sols, prix de tout le voisinage. Mais cette différence
avait amené une telle consommation que la Chambre
était menacée de la ruine, et Genève de la famine. Le
26 janvier, on annonça donc que le pain serait désor-
mais vendu 5 et 7 sols. Aussitôt s'organisa une formi-

dable émeute qui s'empara des portes fortifiées et fu-
silla les soldats du haut des maisons (51). Le lendemain
le Conseil dut s'avouer vaincu, rétablit le prix du pain
et proclama l'amnistie.

Mais la question du pain n'était qu'un prétexte et
l'agitation ne cessa point. Le 30 janvier, le gouvernement bernois fut averti que ses « bons offices » seraient
sans doute nécessaires pour rétablir l'ordre. Le 4 février, une commission de quatre membres du conseil fut
nommée pour examiner les doléances des citoyens (56) ;
ces doléances furent exaucées d'urgence, et le Conseil
genevois n'eut plus qu'à demander l'adhésion des puissances garantes (57). L'aristocratie était vaincue.

A l'annonce de ces événements, Berne demanda conseil à l'ambassadeur de France. Le marquis de Vérac en
référa au ministre Montmorin, estimant, quant à lui, que
Berne attendrait le consentement des autres puissances
avant de consacrer « le monument de la faiblesse et
de la précipitation des petit et grand Conseils de Genève (59) ». Il se trompait. Les Deux-Cents ayant ap_
prouvé par 139 voix contre 9 l'édit de pacification, la
République de Berne comprit en effet qu'elle n'avait
qu'à le sanctionner (60). Les Cantons avaient déjà bien
trop de soulèvements à réprimer *manu militari*, pour
repousser une transaction qui s'offrait à eux !

3. — Le club des patriotes suisses.

On peut dire que le véritable et presque le seul agent

de la Révolution dans les Cantons fut l'association
jacobine formée à Paris sous le nom de « Club des
patriotes suisses ». Nous avons retrouvé sa main partout où se produisirent des troubles.

Elle débuta, en janvier 1790, par une adresse « à
Messieurs les Fribourgeois résidant à Paris », adresse
où elle réclamait la grâce des Galériens et des proscrits
fribourgeois. On devait venir la signer à l'hôtel des
Cent-Suisses, passage Saint-Roch(61). Elle était accompagnée d'une requête « à Nosseigneurs de l'Assemblée
nationale ». Dans cette requête, les clubistes dénon-
çaient avec la plus grande violence les usurpations des
aristocrates, invitaient le peuple à revendiquer des droits
et plaidaient la cause de l'avocat de Castella, l'un des
principaux proscrits qui devint (s'il ne l'était pas encore) président du Club (62).

Il est probable que cette section helvétique des Jacobins n'avait alors que très peu d'adhérents. Ses quelques
membres de très humble condition ne jouissaient d'ailleurs d'aucune influence. Les manifestations dont nous
venons de parler restèrent donc sans échos. Il n'en fut
plus de même de l'adresse à l'Assemblée du 6 septembre 1790, adresse où le Club commentait l'insurrection retentissante de Châteauvieux : les rebelles, victi-
mes d'une « honteuse servitude », y étaient naturellement innocentés, et l'on y rejetait toute responsabilité
sur « les ennemis de la Révolution » (64). Lue à la tri-
bune de l'Assemblée, puis répandue en Suisse à profu-

sion, cette adresse apparut bientôt comme la voix offi-
cieuse de la Révolution appelant les sujets helvétiques
à imiter les citoyens français.

Le comte d'Affry réclama sans tarder de sévères
mesures de répression contre les perturbateurs (63).
Berne les déclara coupables du crime de haute trahison,
protesta contre « la protection visible », contraire aux
traités, dont ils jouissaient, et exigea qu'on les livrât à
leurs souverains respectifs (66, 67). Le Corps helvétique enfin, le 21 septembre, dénonça à Louis XVI l'im-
posture de ce ramassis de criminels d'État qui préten-
daient représenter leur nation (71). Ajoutons que Fribourg, plus particulièrement menacé, envoya la liste
des proscrits et des forçats libérés qui étaient mainte-
nant les plus enragés clubistes : on devait les lui livrer
conformément au traité de 1777 (72).

Tout cela n'empêcha point les patriotes suisses de
continuer leur propagande. Ils encouragèrent tous les
mouvements que nous étudierons plus loin, en particulier celui qui chassa l'évêque de Bâle de Porrentruy
(73). Le thème de leurs pompeuses déclamations était
invariablement la chute de l'horrible despotisme et l'i-
mitation de ce qui se passait en France (74).

Comme ils semblaient parler et agir au nom du gouvernement, ou du moins au nom du peuple français,
notre gouvernement s'inquiéta bientôt de leurs menées.
Bacher, peu suspect de modérantisme, signalait l'effet
déplorable de leurs *indécentes* attaques, et l'impossibi-

lité où elles mettaient l'ambassade de mener à bien aucune négociation (75) ; il allait jusqu'à dire que « ce
ramassis de galériens et de mauvais sujets », soudoyés
par la contre-Révolution, nous rendait odieux surtout
aux États démocratiques (76).

Montmorin n'aurait pas mieux demandé que de
faire droit à ces justes réclamations ; mais le Comité
diplomatique ne voulait point supprimer le Club (78),
et le Corps helvétique finit par ne plus compter que
sur lui-même pour se protéger contre ses méprisa-
bles ennemis (79). A cette époque troublée où l'intérêt
pouvait d'un jour à l'autre bouleverser les alliances,
cette attitude était pour nous pleine de dangers.

4. — Insurrection dans le canton de Schaffouse (mai 1790).

Au début de 1790, Vérac se plaisait à décrire le
calme qui continuait à régner dans les communautés
suisses (81). Les idées émancipatrices y faisaient cepen-
dant leur chemin.

Le 12 mai, une lettre de Zug annonçait que les habitants de Hallau, bailliage de Neukirch, canton de
Schaffouse, avaient refusé de reconnaître le nouveau
bailli avant qu'il ne s'engageât lui-même à respecter les
privilèges du bourg. La cérémonie terminée, ils avaient
envoyé des députés au Conseil de Schaffouse pour exposer leurs doléances (84).

De simples menaces suffirent pour arrêter ce mouvement : Zurich et Berne promirent au canton de lui

expédier des troupes à la première réquisition, et les mécontents ne bougèrent plus (85).

5. — Agitation révolutionnaire dans les lignes grisonnes
(avril-juin 1798).

Dans les Ligues grisonnes (alliées de premier ordre des cantons), la tactique jacobine fut d'exciter la haine du peuple contre le chargé d'affaires de France, M. de Salis de Marschlin .

La filiale grisonne du Club helvétique présenta le 4 avril, à l'Assemblée nationale, une adresse qui dévoilait le rôle corrupteur du chargé d'affaires (81).

Le 3 mai, M. de Peyssonnel précisa cette accusation dans un discours à la Société des Amis de la Constitution, discours qui fut édité en brochure et répandu dans le pays; on y montrait le peuple tout entier soulevé contre le ministère et contre M. de Salis, au nom des vrais principes républicains (82).

Le baron de Salis protesta contre la conduite odieuse qu'on lui attribuait. Il expliqua en outre que les véritables instigateurs de la campagne menée contre lui étaient les agents de la cour de Vienne, désireuse de substituer la domination impériale à l'influence française... (80).

Quoi qu'il en soit, le succès des agitateurs fut tel que Vérac annonça, le 22 juin, l'anéantissement prochain du parti de M. de Salis, et la nécessité de retarder toute mesure capable de favoriser les projets de ses ennemis (83 bis).

6. — Insurrection du Bas-Valais et de l'évêché de Bâle
(septembre 1790-mars 1791).

En s'adressant aux sujets de la République de Berne, les révolutionnaires avaient la partie beaucoup moins belle. On le vit bien en septembre 1790, lorsque les jacobins de trois villages savoyards engagèrent quelques communautés du Bas-Valais à marcher sur Saint-Maurice pour reconquérir leur liberté. Le Conseil des Deux-Cents leva immédiatement trois mille volontaires, « avant-garde » qui serait soutenue, en cas de besoin, par un corps de huit mille soldats ! Le trésorier de Muralt, nommé commandant en chef, devait aller dans le pays de Vaud « entendre les plaintes » des habitants (86, 87). Ces mesures préventives semblent avoir suffi.

Tout autre fut l'attitude du canton de Bâle vis-à-vis des sujets révoltés du prince-évêque de Porrentruy : il s'opposa énergiquement au passage d'une troupe autrichienne envoyée pour les réprimer (88, 89). Mais s'il agissait ainsi, c'était dans la crainte que l'intervention de l'empereur ne fût point désintéressée. Aussi fut-il d'abord soutenu par Bacher et Vérac lui-même, dont le premier devoir était de sauvegarder nos frontières.

Plus perspicaces — ou plus confiants — les cantons voisins déclarèrent qu'il était urgent d'éteindre un incendie qui menaçait l'intérêt général, et les délégués de Berne, Bâle et Soleure, envoyés à Porrentruy au mois de février 1791, insistèrent auprès du gouvernement bâlois pour le faire revenir sur sa décision. L'empereur Léopold écrivit à son tour à ce dernier que le seul but d'une intervention, autorisée d'ailleurs par le traité de Westphalie, était de contenir les insurgés ; en s'y opposant Bâle deviendrait un complice, et encourrait la défaveur de tous les États de l'Empire (95).

Vérac et Montmorin, ennemis des révolutionnaires plus encore que des impériaux, se laissèrent aisément persuader et engagèrent le canton de Bâle à céder à l'empereur (93, 94). Le Directoire de Zurich invoqua « le bien-être de la Confédération » (97) et les quatre cents soldats du régiment de Genningen franchirent bientôt le Rhin, introduits pour ainsi dire dans le Jura par la monarchie française et les aristocraties suisses coalisées contre la Révolution (99).

7. — Insurrection du pays de Vaud.

Durant l'été de 1790, Berne eut à employer contre les têtes exaltées du pays de Vaud les forces mobilisées l'année précédente contre les communautés du Bas-Valais.

A l'occasion du 14 juillet, les clubistes avaient organisé dans les cités des bords du lac Léman de véritables orgies démagogiques. Des libelles, adressés par « la Société dijonnaise des Amis de la Constitution » au peuple de Lausanne, et répandus jusque chez les membres du gouvernement (1), avaient sonné le glas de l'aristo-

(1) Lettre de Bacher à Belland, 423, fⁿ 118.

cratie et promis aux suisses l'appui des Français leurs
frères (101).

Le 4 août, Berne demanda en vain à Montmorin
des mesures immédiates de répression. Le 9, le baron
d'Erlach, bailli de Lausanne, envoya à la municipalité
de Dijon un véritable ultimatum : elle était prévenue
qu'au cas où elle ne punirait ni ne préviendrait les excès
commis, tout dijonnais qui viendrait en Suisse serait
traité comme suspect (103). En même temps deux à
trois mille soldats se tinrent prêts soit à faire perdre
aux indigènes le goût des « grimaces démocratiques »,
soit à repousser une invasion française (104, 105,
106, 107).

Cette attitude énergique, pleinement approuvée par
notre ministère (108), n'arrêta, point la diffusion des
écrits subversifs imprimés à Versoix (109), mais elle
raffermit solidement l'autorité des magistrats bernois (106). Sans elle, il est possible que la conspiration
jacobine eût abouti dans les cantons et changé dès cette
époque leurs pacifiques destinées. Le sort de l'évêché
de Bâle, annexé à la France en 1793, est à ce point de
vue très significatif.

CHAPITRE III

POLITIQUE INTERCANTONALE ET RAPPORTS
FRANCO-HELVÉTIQUES (1789-1791).

Dans les pages qui précèdent, on a vu que tout,dans l'attitude la France révolutionnaire, était propre à exciter les inquiétudes de la Suisse traditionaliste ; tout, sauf la conduite des ministres du Roi.

Ceux-ci, en effet, n'étaient pas les derniers à défendre les droits violés de l'Helvétie. En mai 1790, lorsque l'Assemblée nationale eut décidé la libération des forçats, Montmorin demanda qu'on n'appliquât point le décret aux forçats de Fribourg avant d'avoir consulté le canton souverain (38, 39). Ses efforts étant restés vains, le ministre supplia Fribourg,par l'intermédiaire de Vérac, d'éviter un éclat « au moins inutile » (40). L'ambassadeur répondit que le trésorier Odet et ses amis avaient compris que c'était là en effet « le seul parti qui convenait »,mais qu'il fallait au moins s'abstenir de notifier officiellement le décret (42).

Mais bientôt de semblables compromis ne furent plus possibles, car ils n'arrêtaient pas d'une heure la marche de la Révolution. Le 9 avril 1791,Vérac prévint Montmorin que les troubles du Valais et de Porrentruy,

la propagande du Club helvétique et les atteintes por-
tées aux propriétés de l'évêque de Lausanne [1] exigeaient d'immédiates réparations (77). Cette dernière
doléance ayant seule reçu une apparence de satisfaction [2], le Corps helvétique refusa de reconaître la
nouvelle Constitution : on ne pouvait sanctionner un
ordre de choses qui ne respectait ni la liberté du roi, ni
la souveraineté des cantons (121,123) ; qui n'empêchait
point de simples municipalités d'adresser à Berne un
ridicule ultimatum, d'arrêter les membres de l'ambassade et d'intercepter les sommes dues aux cantons (122,
127, 134, 202).

La Diète de Frauenfeld, de juillet 1791, ne cacha
point ses sentiments : elle défendit formellement aux
troupes helvétiques de prêter un serment civique *dés-
honorant* (423, 29 et 101), s'associa aux mesures prises
par Fribourg contre « les mauvais sujets et têtes turbulentes » du Club des Suisses, et renvoya à plus tard
sa réponse à la notification de la Constitution. Dorénavant, les cantons ne décideraient rien sur toutes ces
choses, sinon *ad referendum* (131).

Il est vrai que le 14 juillet les députés de Zurich,
Berne, Lucerne, Uri, Schwitz, Unterwald, Zug, Glaris,
Appenzell, Deux-Rhodes, et Saint-Gall remercièrent

---

(1) En résidence à Fribourg depuis la Réforme.
(2) Le 14 avril, le Comité ecclésiastique décida que le Directoire
du district où se trouvait le prieuré de Prévessin, dédommagerait
l'évêque par une rente.

l'ambassadeur d'une lettre obligeante qu'ils en avaient reçue, « agréable témoignage de la très précieuse bienveillance de Sa Majesté ». Mais ce n'était là qu'une marque de courtoisie à l'égard du marquis de Vérac, d'autant plus que la fuite à Varennes acheva alors de bouleverser l'horizon politique. Le 15 juillet, l'ambassadeur avoua à Montmorin que Bacher, envoyé à Frauenfeld, n'eût pu y parler au nom de l'Assemblée nationale sans encourir les pires « désagréments » (129) ; le 20, Bacher lui-même annonça à son ami Belland que la suspension du pouvoir exécutif avait produit « la sensation la plus vive », que Berne, Lucerne, Fribourg et Soleure souhaitaient « une contre-révolution », approuvés en cela par les petits cantons démocratiques « fort attachés à la personne du roi » (130).

La situation devenant très critique, Fribourg demanda à Zurich, le 30 août 1791, une réunion extraordinaire et confidentielle des États. Le Directoire proposa de la différer à cause de « la vive sensation » qu'elle produirait en France ; il proposa aussi « d'attendre tout uniment ce qui pourrait arriver » avant de répondre à la lettre de Monsieur, frère du roi, et du comte d'Artois, lettre dans laquelle ils plaidaient la cause de Louis XVI, « devenue celle de tous les gouvernements » (138).

Au fond, si les Cantons redoutaient la Révolution comme un fléau, ils aimaient encore mieux s'accommoder avec ce fléau que se livrer à l'Empire (142). La Révolution passerait, — pensaient-ils, — tandis que l'Empire demeurerait. Aussi, accueillirent-ils avec empressement la notification que leur fit Louis XVI de son acceptation de la constitution nouvelle : ils félicitèrent le roi « des intentions généreuses avec lesquelles Sa Majesté désirait concourir au bonheur de la nation française », et ils lui exprimèrent leurs vœux « pour la prospérité de Sa Majesté et celle de la *nation française* » (139).

« Vive la Nation ! » Dans un acte officiel du Corps helvétique, cette expression faisait déjà prévoir que la République française aurait un ambassadeur auprès de lui.

Malheureusement, les excès jacobins donnèrent aux aristocrates des Cantons bien des raisons de rompre toute entente avec la France nouvelle : à la fin de 1791, les libelles les plus calomnieux continuèrent à circuler en Suisse (141), les régiments helvétiques furent exposés aux plus graves dangers, et l'on se demanda si ce qui nous restait de gouvernement pourrait contenir en deçà des frontières les ardeurs des sans-culottes (143, 145, 147). Un diplomate aussi habile que le pacifique Barthélemy était vraiment nécessaire pour concilier tant de tendances et tant d'intérêts contraires (147).

CHAPITRE IV

Les « Capitulations » étaient les conventions franco-
helvétiques qui réglaient le recrutement et le statut des
troupes suisses au service de la France.

Les plus anciennes dataient du xvᵉ siècle : de 1480 à
1524, elles nous avaient déjà fourni 54.000 soldats [1].
Mais le 12 mars 1616 seulement fut créé le premier
régiment suisse, lequel fut aussi le premier de nos régiments étrangers. En août 1671, Pierre Stuppa, capitaine aux Gardes Suisses, alla négocier les capitulations
de quatre autres régiments : Erlach, composé de 12
compagnies de 200 hommes, *avoué* par Berne ; P. Stuppa,
Salis et Pfiffer, avoués par les cantons catholiques.
D'autres capitulations suivirent, jusqu'à celle de 1764
qui déterminait encore en 1789 la situation des régiments suisses au service de Louis XVI.

En vertu du traité de 1764 [2], quatre régiments,
ceux de Steiner, Chateauvieux, Ernest et Reinach,
étaient avoués par Zurich, le Valais et l'évêché de
Bâle ; six autres, ceux de Castella, Vigier, Salis-Sa-

---

[1] Cf. Fieffé, *Histoire des troupes étrangères.*
[2] Voir Martens, *Traités*, R. 2, I, 270.

made, Diesbach, Sonnenberg et Courten étaient reconnus et fournis par le Corps helvétique entier, en
vertu d'une *capitulation générale*. Un onzième régiment, celui des Gardes Suisses, dépendait du roi seul
qui nommait à tous les grades.

Les compagnies des six régiments helvétiques n'é-
taient pas toutes placées sous le même régime : les
unes, appelées « avouées », étaient recrutées parmi les
sujets d'un État particulier qui avait signé une conven-
tion à cet effet ; les autres, nommées « ambulantes »,
se recrutaient librement. Il y en avait deux de cette
dernière espèce dans chacun des régiments de Castella,
Vigier, Chateauvieux et Salis-Samade, et trois dans le
régiment de Diesbach.

D'une façon générale, la politique de la France, basée
sur son intérêt, était d'éviter les capitulations particulières et onéreuses ; les cantons, au contraire, cherchaient à obtenir des privilèges pour leurs troupes et à
monnayer leur dévouement. A l'époque du renouvellement des traités, ils étaient même capables de manifester
certaines prétentions à seule fin d'engager la France à
acheter leur complaisance...

Ajoutons que les cantons catholiques étaient beaucoup plus disposés que les autres à obtempérer aux désirs du Roi.

Les capitulations expirant en novembre 1789, —
(celle du régiment bernois d'Ernest était même expi-
rée depuis plus d'une année), — on vit se manifester

dès le début de 1789 les tendances contraires des Etats helvétiques.

Lucerne signa avec empressement le projet français. L'avoyer Pfyffer se plut à reconnaître que tout y tendait « au bien du service » (159), et le Conseil d'Etat annonça à Vérac, le 5 septembre, qu'il l'envoyait par des coureurs, paraphé et scellé, à Altorf, au canton d'Uri ; il demandait en retour le paiement de ses « arrérages de sel » qui s'élevaient déjà à 45.000 quintaux (179).

Les cantons démocratiques et autres petits Etats se décidèrent moins facilement. Müller de Fridberg, grand-maître et ministre de Saint-Gall, s'étonna qu'on ne négociât point directement avec son souverain comme avec Zurich et Berne (160) ; Hedlinger, landamman de Schwitz, insinua que « le service français était bien plus agréable que lucratif », et exposa les titres de sa famille de quinze enfants à la munificence de la Couronne (162) ; les magistrats d'Uri se plaignirent de ce que les droits de leurs concitoyens fussent lésés par des intrigants. Mais ce n'était là qu'une tactique traditionnelle dont le but était de donner aux représentants du roi l'occasion de distribuer des pensions et des croix de Saint-André (162). L'accession rapide aux désirs du roi semblant cette fois le meilleur moyen de mériter ses faveurs, novembre ne se passa point sans que Saint-Gall, Schwitz, Unterwald, Appenzell et Zug eussent envoyé à Vérac leur acceptation (180, 181).

L'aristocratique république de Fribourg se montra
au contraire irréductible. Dès l'abord, elle réclama ce
que nous redoutions par-dessus tout : une réunion en
diète des États catholiques (152, 154). L'ancien commissaire d'État de Segeli déclara que son gouvernement
avait le droit de modifier les capitulations aussi bien
que le Roi (161), et deux autres hauts magistrats préci-
sèrent « les représentations à faire à la cour » (83). Les
cantons catholiques ayant quand même notifié leur acceptation, Fribourg envoya la sienne à Montmorin (le
2 juin), en annonçant que ses doléances parviendraient
au ministère en temps opportun (167).

Cette dernière restriction, et le procédé même em-
ployé par Fribourg (qui s'était bien gardé de signer
l'instrument de la capitulation), devaient permettre au
canton d'ajourner indéfiniment le terme des négociations. Deux mois après, en effet, les petit et grand Conseils remettaient tout en question : ils déclaraient « une
conférence commune et *préparatoire* absolument nécessaire », et un long rapport de la commission militaire fribourgeoise exposait un grand nombre de griefs
qui équivalaient à autant de refus (174). Vérac eut
beau écrire à Montmorin (le 1er octobre) qu'il avait
donné « deux heures de réflexion » à l'État de Fribourg,
et que si ce dernier persévérait dans ses mesures dila-
toires, « Sa Majesté serait en droit de lui marquer son
mécontentement » ; le renouvellement des conventions
militaires était à jamais compromis.

Bacher attribua ces manœuvres à « l'astuce bernoise » (175). Il y était incité par les retards qu'apportait Berne au renouvellement de sa capitulation particulière ; le 14 juin 1789, le trésorier Frisching écrivit au secrétaire d'ambassade que les officiers d'Ernst tenaient à ce qu'on leur accordât les améliorations demandées, afin d'empêcher le régiment de se peupler de « parvenus » (171). Les progrès des idées révolutionnaires ne les avait point touchés.

Le gouvernement français essaya de couper court aux exigences cantonales. Le projet de la cour fut présenté comme « un ultimatum » ; on laisserait les magistrats helvétiques « déraisonner tant que cela les amuserait » et on leur enlèverait tout espoir de « mettre la caisse de l'ambassade à contribution » (155, 158) ; on les menacerait même des rigueurs de Sa Majesté pour le cas où ils s'opposeraient aux mesures destinées à « préparer l'assimilation des régiments suisses aux autres régiments d'infanterie ». En tout cas, on n'augmenterait plus le nombre des régiments ni des compagnies (157, 170).

Lorsque le marquis de Vérac arriva à Soleure (le 25 août 1789), tous les Cantons avaient fini par signer, sauf Fribourg, Zurich et Soleure. Fribourg venait d'inviter les Etats catholiques à « une conférence préliminaire » ; Soleure y avait acquiescé, et le Directoire de Zurich avait communiqué, le 24 août, à tout le Corps helvétique, une lettre des officiers subalternes des Gar-

des suisses demandant qu'on suspendît toute négociation avant l'examen de leurs doléances (177, 178) (¹).

Or, la lettre dont le Directoire faisait officiellement
état, était un acte formel d'indiscipline ! Les officiers
des Gardes s'étaient assemblés sans l'autorisation du
comte d'Affry, et ne lui avaient communiqué une copie
de leur requête qu'après avoir mis l'original à la poste.
Le colonel leur avait intimé l'ordre de ne plus se pré-
senter à lui que pour les besoins du service. Comme ils
lui avaient apporté, le 27 août, une seconde adresse en
lui exprimant leurs regrets, le comte d'Affry leur avait
pourtant permis de l'envoyer en Suisse ; il supplia
alors Leurs Excellences de lui indiquer le cas qu'il fallait en faire. Le Directoire répondit, le 3 octobre, que les
deux pièces avaient été expédiées à tous les États (183).

Dorénavant, il ne restait plus aucun espoir d'entente.
Les journées d'octobre achevèrent d'ailleurs de creuser
l'abîme entre la France révolutionnaire et le Corps
helvétique. Les réclamations affluèrent à l'ambassade :
Soleure présenta à Vérac l'interminable mémoire de sa
commission militaire (186) ; Fribourg déclara qu'il
fallait restreindre la levée extraordinaire de 16.000 à
6.000 hommes (187) ; Appenzell, Uri, Bienne, etc.
émirent la prétention de « modifier suivant leur conve-
nance » la Capitulation générale (188, 189) (²). Mont-

(1) Voir aussi **421**, 181.
(2) Add. **421**, 240.

morin déclara tout cela « inadmissible » et les choses
en restèrent là (187, 188).

En 1790, les cantons se bornèrent à quelques pro-
testations qui restèrent naturellement sans effet : le
comte d'Affry s'étant plaint de la suspension du recrutement et des rengagements dans les régiments
suisses (190), Montmorin promit de laisser les Gardes
suisses en dehors des réformes, sauf en ce qui concer-
nait les mesures démocratiques prises en faveur des
officiers pauvres, mesures qui ne seraient désagréables
qu'à « quelques familles puissantes » de Fribourg et de
Soleure (191) ; quelques semaines après Berne ayant
demandé à La Tour du Pin qu'on soustrayât le régiment
d'Ernst aux mauvaises influences et aux dangers dont
il était entouré à Marseille, le ministre répondit que ce
n'était pas possible vu « les nouveaux malheurs » qui
étaient à craindre (192).

En 1791, il ne fut plus question que des Gardes, leur
conservation étant pour le Corps helvétique, au dire de
l'ambassadeur, « un point capital » (195) (1). D'Affry
exposa à Montmorin que leur suppression atteindrait
les premières familles des cantons, et ne saurait d'ailleurs
intervenir que du consentement de ces derniers (200).
On sait ce que devait peser, aux yeux du peuple souverain, des considérations aussi surannées.

(1) Add. **421**, 237.

CHAPITRE V

L'ambassade du marquis de Vérac, grand seigneur d'ancien régime, fut séparée de celle de François Barthélemy, diplomate républicain, par une période de transition singulièrement indécise : tandis que le représentant du roi refusait de se considérer comme dégagé de ses serments, son secrétaire ne parvenait point à obtenir officiellement le titre de chargé d'affaires, et les gouvernements cantonaux, restés fidèles à Louis XVI, s'efforçaient de ne rien compromettre.

Au mois de juin 1791, effrayé des audaces révolutionnaires (202), le marquis de Vérac se décida à rédiger sa démission qu'il envoya à Paris le 8 juillet. Montmorin annonça alors à Bacher qu'il allait être accrédité et qu'il fallait à tout prix rassurer les esprits en Suisse (203).

Sur ces entrefaites, arrivèrent à Soleure la nouvelle de l'émeute du Champ de Mars (17 juillet) et celle de la déclaration de Pilnitz. L'ambassadeur changea aussitôt sa ligne de conduite : sans retirer sa démission, il déclara à Montmorin que le roi, ne jouissant plus de sa liberté, n'avait pu l'accepter, et qu'il devait par consé-

quent rester lui-même à son poste ; il quitterait seulement l'hôtel de l'ambassade, avertirait les cantons, et
s'abstiendrait d'actes officiels. Quant à Bacher, il ne
pouvait l'accréditer auprès du Corps helvétique sans
manquer à l'honneur (205, 210).

Montmorin reprocha vivement à de Vérac les embarras qu'il créait au gouvernement « à la veille de voir les
affaires reprendre leur cours » (207), sans souci du
« bien des affaires » (215). Bacher, lui, se comporta
comme un parvenu (206, 208), et s'empressa de revendiquer auprès des cantons le titre de « chargé
d'affaires » dont aucun document officiel ne l'avait
encore investi (208, 209). Le jour de la Saint-Louis, fier
de remplir les fonctions de représentant de la France, il
fit chanter selon l'usage une grand-messe en musique,
et donna aux cordeliers et capucins « de quoi faire
bombance » ; puis, il commença la distribution des
pensions pour « prouver à tous ces vachers et marchands de fromages que nous n'étions pas aussi coulés
bas que l'engeance des courtisans qui rôdaillait partout
pouvait le faire accroire » (217, 218).

Les vachers que ce plébéien méprisait ainsi réglèrent
leur conduite non sur la sienne, mais sur celle du marquis de Vérac. Le 20 août, le Directoire de Zurich ap-
pela l'attention des Etats sur « la forme insolite » de la
démission de l'ambassadeur (213) ; le 27, Soleure opina
que Bacher ne pouvait s'accréditer lui-même et qu'il
fallait craindre d'attirer sur la Suisse « les regards de

toutes les puissances étrangères » (216) ; le 6 septembre,le même État demanda que le Corps helvétique déclarât à de Vérac « dans les termes les plus ardents et les plus obligeants » qu'il serait considéré comme ambassadeur tant que Sa Majesté ne l'aurait pas rappelé régulièrement ; le lendemain,enfin,Zurich proposa aux États de répondre par un simple récépissé à la lettre de Montmorin,lettre qui ne donnait d'ailleurs « aucun caractère à M. Bacher ».

Celui-ci restait donc dans une situation non seulement très modeste, mais encore très embarrassée : elle ne se précisa qu'à la fin de septembre, lorsque Montmorin eût prié formellement les cantons « d'ajouter foi à tout ce que M. Bacher, *chargé d'affaires* du roi en Suisse, aurait ordre de faire parvenir ».Le Corps helvétique n'y fit point d'opposition, sauf Lucerne et Fribourg (222). Quant à Vérac, il refusa jusqu'au bout de transmettre aux cantons des ordres qui n'étaient pas « librement émanés de Sa Majesté », et il renvoya ses lettres de rappel à Montmorin (223). Elles furent communiquées par Bacher lui-même.

La mission du secrétaire d'ambassade se borna à la distribution des dernières pensions royales (235, 226). Dès le 27 décembre, il apprit la nomination de Barthélemy qui fut accrédité par Louis XVI dans toutes les formes traditionnelles, et reconnu aussitôt par le Corps helvétique (228-229). La rupture avec les cantons fut ainsi retardée de plusieurs années.

« (L'ambassadeur), — lit-on dans les instructions de
de Lessart à Barthélemy, — fera sentir que rien dans
la Constitution ne fait un devoir à ceux qui y sont dé-
voués de travailler à amener les autres nations au sys-
tème politique qui nous gouverne:.. Jusqu'ici, il paraît
que le gros de la nation helvétique n'a nulle envie de
prendre une part directe à nos affaires, mais bien des
événements peuvent changer ces dispositions... La
Suisse doit compter sur la fidélité de la nation française
à maintenir l'alliance... et ne s'immiscer en rien dans
nos affaires intérieures. » [1]

Tels furent les sages principes que Barthélemy fit
prévaloir jusqu'à ce qu'il reçut la pourpre dorée de
Directeur.

[1] Kaulek, *Inventaire des Arch.*, Suisse, I, 22 janvier 1792.

DEUXIÈME PARTIE

ARCHIVES DU MINISTÈRE DES AFFAIRES ÉTRANGÈRES

FONDS SUISSE

RÉSUMÉS ET EXTRAITS DES PRINCIPALES PIÈCES DES DOSSIERS **421,422,423.**

OBSERVATIONS PRÉLIMINAIRES

Les chiffres en caractères gras placés vers la marge indiquent les numéros des dossiers ; ceux qui précèdent la date de l'extrait indiquent le numéro de la pièce.

Quand la date, le lieu d'où la pièce a été envoyée, le nom de l'auteur ou du destinataire manquent ou se trouvent entre parenthèses, c'est que l'original ne les indiquait pas.

Tous les résumés ou extraits de ce recueil sont classés en une seule série.

Nous donnons à la fin du volume un index des noms propres.

FIN DE L'AMBASSADE DU MARQUIS DE VERGENNES. INSTALLATION DE L'AMBASSADEUR DE VÉRAC.

421 — 1 —

5. — 11 janvier 1789. — *Lettre du marquis de Vergennes.*

On lui demande d'obtenir pour l'abbé Meyer, neveu de M. de Rayneval et frère du secrétaire d'ambassade, le prieuré d'Enschingen vacant depuis la mort de l'abbé de Montjoye, chanoine d'Arlesheim (1).

— 2 —

6. — 11 janvier 1789. — *Vergennes au bourgmestre de Barry, de Bâle.*

Même sujet.

— 3 —

7. — 18 janvier 1789. — *Strasbourg.*

Les quatre députés de la Commission intermédiaire d'Alsace (parmi lesquels le bailli de Flachslanden), demandent que l'abbé de Gléresse, nommé au prieuré français d'Enschingen, n'y soit point installé puisqu'il est sujet étranger.

— 4 —

46. — 19 mars 1789. — *Montmorin à Vérac.*

Il lui annonce sa nomination à l'ambassade. Vérac aura 50.000 livres de gratification pour frais de voyage et d'ameublement.

---

(1) Nous avons indiqué cet incident pour donner un exemple des affaires qu'avait à traiter Vergennes à la fin de son ambassade.

— 5 —
53. — 30 mars.

Vergennes prend congé du Corps helvétique, laissant Bacher comme chargé d'affaires.

422   — 6 —
5. — 15 février 1790. — *Montmorin à Vérac.*

Il lui envoie un mémoire de Genève qui demande que les lettres de créances de l'ambassadeur lui soient communiquées, comme jadis, par Zurich. (A l'arrivée de Vérac une seule lettre de créance lui avait été remise pour tout le Corps helvétique.)

Montmorin n'y voit « aucun inconvénient », mais «peut-être le Directoire de Zurich en trouvera-t-il ? »Vérac n'aura qu'à « faire passer à la République de Genève copie de ses lettres de créance pour lui tenir lieu de lettre séparée qu'elle était en usage de recevoir ».

— 7 —
66. — 5 juillet 1790. — *Vérac à Montmorin.*

Il demande s'il doit abandonner son titre de noblesse et ses armoiries.

— 8 —
121. — 4 décembre 1790. — *Vérac à Montmorin.*

Il demande instamment des instructions pour la prestation de serment exigé par l'Assemblée. Depuis cinq mois, il n'a pas reçu de réponse en ce qui concerne le sceau.

— 9 —
124. — 17 décembre 1790. — *Vérac à Montmorin.*

Il envoie son serment. On y apposera à Paris le sceau du ministère.

MANIFESTATIONS RÉVOLUTIONNAIRES, EN FRANCE, DANS LES RÉGIMENTS SUISSES.

1. — L'arrestation de Besenvald.

421   — 10 —

157. — 9 août 1789. — *Etat de Soleure à Montmorin.*

Le canton s'élève contre l'arrestation du lieutenant général de Besenvald et la violation des droits helvétiques consacrés par les traités (1). Le comte d'Affry a déjà protesté au nom du tribunal des Capitaines des Gardes. Les autres cantons, mis au courant, ne tarderont pas à « appuyer efficacement ces justes réclamations ». Le maréchal de Roll, capitaine aux Gardes et membre du grand Conseil, a reçu pleins pouvoirs au sujet de cette affaire.

— 11 —

158. — 9 août 1789. — *Etat de Berne à Louis XVI.*

Il demande la mise en liberté de Besenvald « parti de Versailles, avec l'agrément de Sa Majesté ». « Par quelle fatalité sa foi a-t-elle pu devenir suspecte, au point que sa liberté, ses droits et ceux d'une nation la plus fidèle, la plus zélée et la plus ancienne alliée de Votre Majesté et de sa couronne, ses jours même soient menacés ! »

(1) Tuetey, t. I, n° 1115, donne l'arrêté de la Commune et le placard affiché dans Paris qui ordonnent de placer sous bonne garde M. de Besenval autorisé à passer en Suisse. Le 31 juillet, une lettre anonyme des citoyens de Paris à l'Assemblée nationale proteste contre la pensée d'amnistier « ce scélérat de Besenval qui voulait faire égorger les femmes et les enfants de Paris ». Le 14 octobre, le Comité des Recherches déclare qu'il n'existe « aucune plainte légale » contre le colonel (*Ibid.*, 1132).

— 12 —

159. — 10 août 1789. — *Vérac à Montmorin.*

Il appuie « les instances généreuses déjà faites par M. Necker » en faveur de Besenvald.

— 13 —

160. — 11 août 1789. — *État de Lucerne à Montmorin.*

« L'événement effrayant survenu à M. de Besenvald, lieutenant général, nous jette dans la plus grande affliction. » Lucerne demande que « l'honneur national en souffrance par son arrêt soit sauvé ».

— 14 —

168. — 12 août 1789. — *Conseil souverain de Berne à celui de Lucerne.*

« Plusieurs soldats (des Gardes suisses) ont abandonné... leurs drapeaux et leurs officiers et se sont permis, même à main armée, les excès les plus punissables. » Ceux des deux compagnies bernoises ont été avertis qu'en cas de récidive ils seraient bannis à perpétuité et même condamnés à mort. Les coupables qui regagneront à temps leur régiment seront pardonnés si les lois militaires le permettent.

15

169, 171 et 173. — 12 août 1789. — *États de Zurich et de Fribourg.*

199. — 12 septembre. — *Corps helvétique à Montmorin.*
Ils protestent contre l'arrestation de Besenvald.

— 16 —

229. — 16 octobre 1789. — *Comte d'Affry à Montmorin.*

Le tribunal des capitaines des Gardes a pris connaissance de la séance des « états généraux » du 14 octobre, séance où l'arrestation de Besenvald a été discutée. Il ne veut pas examiner « les sentiments contradictoires... et la faiblesse des moyens d'accusation » apportés aux débats ; mais il exige, au nom même du Corps helvétique, que l'accusé « soit rendu à ses juges naturels ». Si on refuse de lui rendre justice « dans une occasion aussi essentielle », le gouvernement devra envoyer « une réponse motivée » aux cantons.

— 17 —

249. — 25 novembre 1789. — *Comte d'Affry à l'Etat de Zurich.*

Il envoie une lettre du baron de Besenvald lequel, détenu au Châtelet avec M. de Barentin, le maréchal de Broglie, le comte de Puységur et le marquis d'Autichamp, a comparu le 20 devant le rapporteur Boucher d'Argis ; il a affirmé son droit d'être rendu à ses juges naturels. « Le tribunal de la nation, — ajoute d'Affry, — auquel j'en ai fait part hier dans son assemblée chez moi, a approuvé. »

2. — L'insurrection de Chateauvieux.

422.   — 18 —

75. — 1er septembre 1790. — *Directoire de Zurich aux L.L. Etats.*

Au sujet de « l'insurrection scandaleuse » de Nancy, la cour de France a manifesté, par l'intermédiaire du comte d'Affry, « le désir le plus ardent que nous prenions des mesures pour faire connaître à nos sujets rebelles les dispositions où nous sommes de les punir selon qu'ils l'auront mérité ». — Le régiment de Steiner a été mis en garde contre « les tentations de toutes sortes » ; les cantons doivent élaborer un règlement spécial pour le cas d'insubordination soutenue.

Suit la lettre du comte d'Affry, puis celle du ministre de la guerre de La Tour du Pin à d'Affry : le ministre désire que les Etats souverains écrivent aux capitaines « leur indignation » et leur volonté de punir les soldats rebelles avec « toute la rigueur de leurs lois ».

— 19 —

81. — 10 septembre 1790. — *Vérac à Montmorin.*

Il annonce « la proclamation comminatoire » de Zurich, Berne, Lucerne, Bâle et Fribourg.

— 20 —

89. — 21 septembre 1790. — *Bède, prince-abbé de Saint-Gall, à Montmorin.*

Il est « on ne peut plus affecté de la honteuse insurrection » des suisses de Châteauvieux ; il a condamné les coupables « à être relégués dans ses Etats pour leur vie »,mais il implore « la magnanimité du roi » pour les officiers et soldats de ses deux compagnies qui ont « risqué plusieurs fois leur vie et souffert une perte irréparable ».

— 21 —

93. — *La Tour du Pin à Montmorin.*

Le roi a décidé de casser les trois corps de la garnison de Nancy ; il lui proposera « de faire filer le régiment vers Huningue ou Belfort où l'ordre sera notifié avec l'injonction de sortir du royaume ».

— 22 —

94. — 25 septembre 1790. — *Etat des compagnies de Châteauvieux.*

En dehors des deux compagnies colonelle et lieutenance-colonelle ambulantes, il y en a quatorze, dont trois à Lucerne (Payer,Pfiffer et Schnier) une à Zung (Andrematt), une à Appenzell (Weter), deux à Bâle (Ryhnier et Iselin), une à Fribourg (Fiva), une à Unterwald (De Luny), deux à Saint-Gall (Keibach et Barthes), trois à Genève (Pallatin, Perret et de Vinci).

423 — 23 —

52. — 12 juin 1791. — *D'Affry à Montmorin.*

Il a reçu une lettre demandant la grâce des soldats de Châ-

teauvieux condamnés aux galères de Brest par le conseil de
guerre des régiments réunis de Castella et de Vigier. Ce conseil a condamné aussi un soldat à la roue et 20 autres à la
potence. D'Affry désirerait abréger la peine des galériens,
« mais il est inouï qu'un tribunal militaire suisse, qui seul
pourrait infirmer son jugement, l'ait jamais fait ». Ce jugement
d'ailleurs, « a été aussi sévère qu'il était malheureusement
nécessaire, et il a été approuvé par tout le Corps helvétique ».

— 24 —

75. — 28 juin 1791. « *Journal des événements qui ont occa-
sionné la malheureuse affaire de Nancy* », *du 10 août 1790 au
4 septembre.*

Le 10 août, deux soldats qui réclament de l'argent sont dé-
gradés, puis *réhabilités* par les citoyens de Nancy ; le 11, « les
officiers cherchent à abandonner leurs soldats qui s'assurent
de leurs personnes » ; les jours suivants, l'harmonie se rétablit ; le 16, trois capitaines partent en Suisse porter leurs réclamations ; le 25, M. Malseigne vient arrêter les comptes et
menacer les soldats de les licencier ; le 26, M. Malseigne doit
« s'ouvrir un passage l'épée à la main contre les soldats » ; le
28, beaucoup de soldats sont blessés par les officiers qui
dégagent M. Denoue ; le 31, « massacre des citoyens » à l'arrivée de M. de Bouillé : le régiment évacue la ville. Le 2 septembre les criminels sont mis aux fers ; le 4, l'un d'eux est
roué, 22 sont pendus et 36 sont condamnés aux galères.

Les députés de Brest signataires, Th. Gowy et Th. Raby,
réclament l'exécution du décret du 8 octobre en faveur des
détenus.

— 25 —

108. — 28 juillet 1791. — *D'Affry aux députés extraordinaires de Brest.*

Il leur communique la réponse des cantons qui « attendent
que le vœu de la nation française leur soit communiqué par la

voie ministérielle ». Il suffira de demander à Montmorin d'en charger Vérac. « J'aurais désiré de tout mon cœur, ajoute d'Affry, pouvoir répondre d'une manière plus satisfaisante et plus prompte aux sentiments d'humanité qui vous animent. Je vous prie d'agréer les sentiments de la plus profonde estime et l'attachement le plus dévoué avec lequel j'ai l'honneur d'être votre très humble serviteur. »

— 26 —

126. — 3 août 1791. — *Montmorin à Bacher.*

Il lui recommande Raby, qui va, de la part de la municipalité de Brest, chercher « à intéresser l'humanité des cantons » en faveur des galériens. Il n'a « aucune espèce de caractère politique ».

— 27 —

152. — 17 août 1791. — *Bacher à Belland.*

Raby lui a remis la lettre du ministre. « Il a une manière d'agir trop pressante pour réussir... Un préliminaire indispensable, c'est que le roi soit libre, et que la demande puisse être censée faite par ses ordres. » Dès qu'il sera accrédité, Bacher « ne négligera rien... pour concourir à un acte d'humanité ». En attendant, Raby est reparti à Paris.

« Je vous aime et vous embrasse, mon bon ami, de tout cœur. »

— 28 —

181. — 15 septembre 1791. — Décret de l'Assemblée nationale priant les cantons d'étendre l'amnistie à leurs soldats.

— 29 —

292. — 12 février 1792. — Décret de l'Assemblée déclarant que l'amnistie sera appliquée immédiatement aux soldats suisses, « rien n'étant plus urgent qu'un acte d'humanité ».

424 — 30 —

3. — 28 janvier 1792. — *Corps helvétique à Bacher.*

Il refuse d'amnistier les soldats de Châteauvieux.

3. — Autres atteintes portées aux droits des troupes helvétiques.

422   — 31 —

105. — 12 octobre 1790. — *D'Affry à Montmorin.*

La municipalité de Belfort a exigé divers dons patriotiques et contributions de deux officiers suisses : d'Affry demande le respect des lois et traités.

— 32 —

108. — 19 octobre 1790. — *Montmorin à M. Lambert (contrôleur général).*

Le ministre veut que la municipalité de Belfort rétracte des mesures « qui pourraient inquiéter le Corps helvétique dont l'amitié et la confiance sont au moins aussi intéressantes que jamais ».

— 33 —

109. — 24 octobre 1790. — *Amelot, commissaire au département de la caisse de l'extraordinaire, à Montmorin.*

Il assurera aux officiers suisses « la jouissance des droits résultant des traités ».

— 34 —

218. — 30 mars 1791. — *Vérac à Montmorin.*

Il lui apprend « les insultes et les outrages que les officiers et soldats du régiment de Vigier ont éprouvés à leur passage à Nancy ». Ils ont dû en repartir de suite. Le lieutenant-colonel de Paravicini a envoyé un récit exact des faits au colonel propriétaire. — Pourtant, le 31 août 1790, ce régiment « a contribué à sauver Nancy de tous les malheurs ».

Le renouvellement des capitulations est compromis plus que jamais.

423.   — 35 —

103. — 23 juillet 1791. — *Lucerne à Montmorin.*

Le canton proteste contre l'occupation d'Avignon, terri-

toire étranger, par le second bataillon du régiment de Sonnenberg. Sa Majesté voudra bien faire respecter les capitulations et « l'honneur national » helvétique en rappelant
promptement ces troupes.

— 36 —

135. — 9 août 1791. — *Copie de la délibération du Directoire du département du Bas-Rhin.*

Malgré les lettres de M. Gelb, commandant les troupes du
département, et de la République de Fribourg, qui défend à
ses sujets de participer aux clubs, le Directoire, « considérant
qu'aucune souveraineté autre que celle de la nation française
ne peut plus être reconnue », interdit la lecture aux troupes
de la déclaration fribourgeoise.

Celle-ci, d'ailleurs, « n'a de motif que dans les calomnieu-
ses suggestions des français transfuges qui abhorrent tout ce
qui peut propager le patriotisme et l'amour de la constitution
dans les armées françaises ».

— 37 —

173. — 30 août 1791. — *Delessart à Montmorin.*

Il proteste contre la décision du département du Bas-Rhin
La Suisse n'a déjà que trop de raisons de « prêter l'oreille à
des puissances intéressées à se l'attacher ». Il faut écarter
« tout ce qui est propre à la mécontenter ».

ANNEXE

LIBÉRATION DES FORÇATS DE FRIBOURG.

422   ## — 38 —

32. — 20 mai 1790. — *Décret de l'Assemblée nationale.*

Il ordonne la libération immédiate de Sudan et Huguenot : « A l'avenir, il ne sera reçu dans les galères de France
aucune personne condamnée par des jugements étrangers ».

— 39 —

38. — Garde des sceaux à Montmorin.

Il demande qu'on suspende l'exécution du décret de l'Assemblée, jusqu'à ce que Fribourg ait indiqué ce qu'il fallait faire des galériens : « Sa Majesté paraîtrait avoir abusé de la confiance des fribourgeois pour décider sans les avoir consultés du sort de deux de leurs sujets. »

— 40 —

46. — 1er juin 1790. — Montmorin à Vérac.

Il a fait tout son possible pour empêcher le vote du décret, et il espère que les cantons prendront au moins « le parti du silence ». L'impression est vive à Paris : on craint que les deux galériens n'y soient ramenés en triomphe, ce qui exciterait les soldats suisses contre leur gouvernement. Il faut donc que « nos affidés » préviennent, à Fribourg, « un éclat au moins inutile ».

— 41 —

50. — Vérac à Montmorin.

Il a écrit à l'un des chefs du parti patricien que « quelque fondés qu'ils soient à se plaindre, la prudence et la politique exigeaient qu'ils fassent dans ce moment le sacrifice de toute réclamation publique ». « On traînera les choses en longueur » de façon à « négocier avec les chefs fribourgeois ».

— 42 —

58. — 18 juin 1790. — Vérac à Montmorin.

« Le trésorier Odet et ses adhérents » ont promis le silence, mais le ministre ne doit faire aucune communication officielle du décret.

— 43 —

76. — 1er septembre 1790. — Lucerne à Vérac.

Le canton demande qu'on libère le forçat Thiébaud Arnold condamné à 20 ans de galères (à Toulon) pour vol.

MANIFESTATIONS RÉVOLUTIONNAIRES EN SUISSE.

1. — Emigrés et conspirateurs

422   — 44 —

1. — 1er janvier 1790. -- *Liste des Français qui passent leur hiver en Suisse.*

93 noms, dont 16 pour le canton de Berne (princes de Guéménée et de Luxembourg, à Araw ; duc de Valentinois, duchesse de Castries, présidente de Bourbonne, à Lausanne ; maréchal de Castries et chevalier de Beauteville, ancien ambassadeur en Suisse, au château de Coppet...) ; 3 pour le canton de Lucerne, 17 pour celui de Fribourg, 16 pour celui de Soleure (baron de Breteuil et comte de Polignac, à Soleure ; duchesse de Liancourt, comte de Larochefoucault, marquise de Sablé et sa nièce Mlle d'Ecart à l'hôtel de l'ambassade) ; 12 pour Bienne ; 15 pour l'évêché de Bâle (comte de Mun, à la Reuchenette) ; 1 pour le Valais, 15 pour Genève, 11 pour Neuchâtel.

— 45 —

9. — 7 mars 1790. — *Samuel Hurner, chapelier à Desch (canton de Berne), à Louis XVI*

Dénonce une conspiration contre la famille royale qu'il dévoilera si on lui donne 2.000 louis avant Pâques. Interrogé par le bailli de Gessenay, « il paraît un peu hébété et imbécile », et se contente de dire qu'il a rencontré trois inconnus dans une petite rue de Porrentruy.

— 46 —

131. — 18 janvier 1791. — *Lettre de Bacher.*

Il expose les allées et venues de M. de Calonne, du prince de
Condé et du vicomte de Mirabeau. Celui-ci a réuni 140 jeunes
gens à Bâle, à Yverdon, puis à Rheinfelden où il est avec le
comte de Montjoye et son état-major « qui n'existe que dans
son imagination lorsqu'il a bu quelques bouteilles de vin de
Champagne ». Le Margrave de Bade a ordonné « de faire
évacuer ses Etats à cette jeunesse turbulente », et l'Etat de
Bâle a interdit son territoire à l'embaucheur Le Clerc.

Les émigrés ne paraissent plus qu' « en uniformes, en bottes
et en éperons ». M. Perrin, officier de dragons, a acheté en
Suisse, « sans marchander », 300 à 400 chevaux.

— 47 —

135. — 25 janvier 1791. — *Lettre de Bacher*

Les émigrés qui tenaient des conciliabules à Berne l'ont
quitté pour Rastadt, Carlsruhe et Stuttgard. Le fils du comte
d'Affry est venu prendre des renseignements sur les volontaires de Mirabeau Cadet : il va commander à Huningue.

— 48 —

244. — 23 avril 1791. — *Lettre de Bacher.*

Les émigrés et contre-révolutionnaires « ont reçu des lettres
d'invitation pour se rendre à Worms et le long du Rhin ». Ils
passent « avec de longues rapières, des portemanteaux garnis
de pistolets et des cocardes blanches qui ne finissent pas ».
« On devrait saigner tout ce monde là et le mettre à la tisane
rafraîchissante pendant quelques mois. »

423   ## — 49 —

36. — 28 mai 1791. — *Bacher à Belland.*

Les émigrés ont quitté leurs quartiers d'hiver d'Italie, de
Genève, Lausanne et Fribourg. Ils ont vendu leurs bijoux,
diamants et montres pour acheter des chevaux ; mais on n'a

pu leur dire, sur le Rhin, où l'armée était campée. Ils ne comptent plus que sur le secours du roi de Prusse.

— 50 —

270. — 14 décembre 1791. — *Bacher à Belland.*

Les 300 émigrés de la légion du Bussy ont traversé Soleure « sans uniforme, sans armes et sans cocardes ». Bacher ne sait « que dire et que faire tant qu'on le laissera sans instruc tions ».

2. — Troubles de Genève.

421 — 51 —

11. — 27 janvier 1789 — *Conseil de Genève à celui de Berne.*

La résolution du 26 sur l'élévation du prix du pain a fait éclater une insurrection : les émeutiers, maîtres du quartier St-Gervais, des portes Cornavin et du Lac, fusillent les trou-pes du haut des maisons. On doit rétablir le prix du pain et proclamer l'amnistie. Le poste des Chaînes n'est pas encore repris.

— 52 —

12. — 30 janvier. — *Le même au même.*

Il se déclare « hors d'état de pourvoir à l'exécution des lois » et demande à Berne de « s'occuper de son triste sort... conformément à son amitié confédérale ».

— 53 —

13. — 30 janvier. — *Ibid.*

La tranquillité est rétablie. Le conseil militaire a réservé toutes les forces du régiment pour la garde des casernes, de l'arsenal, de la Porte-Neuve et du parc d'artillerie. Il a pourvu aux autres postes « par les soins combinés des citoyens des deux partis qui, sans armes, ont occupé ces postes et fourni aux patrouilles ».

— 54 —

14. — 31 janvier 1789. — *Conseil secret de Berne à Vergennes.*

Il lui demande confidentiellement son avis sur les troubles de Genève.

— 55 —

16. — 2 février 1789. — *Vergennes à Montmorin.*

« Le haussement du prix du pain n'a été qu'un prétexte » pour le parti des *représentants*. Berne attend l'avis du ministre.

— 56 —

18. — 4 février. — *Genève à Berne.*

Sur la réquisition du procureur général, 4 membres du Conseil ont été nommés commissaires pour examiner les demandes des citoyens (Rappel des exilés de 1782, suppression du conseil militaire, restitution des armes, rétablissement de la milice bourgeoise, réduction des impôts, changements dans la nomination des magistrats).

— 57 —

19. — 6 février 1789. — *Id.*

Le conseil a cédé aux exigences des citoyens « sur la résolution qu'ils ont prise de ne plus former de prétentions ultérieures ». Il espère que les puissances garantes « ne lui imputeront pas une célérité dont la négligence aurait pu le perdre », et sanctionneront ses décisions.

— 58 —

23. — 10 février. — *Id.*

L'ordre est rétabli ; l'Edit a été approuvé aux Deux-Cents par 139 voix contre 91 et a reçu la sanction du Souverain Conseil général. — Genève demande la faveur de la précieuse garantie des puissances alliées.

— 59 —

27. — 15 février. — *De Vergennes au ministre.*

« Il est à présumer que la République de Berne n'accordera pas sa garantie à ce monument de la faiblesse et de la précipitation des petit et grand Conseils de Genève, et qu'on n'y prendra aucune résolution avant que de connaître les dispositions... des deux autres puissances garantes. »

— 60 —

231. — 20 octobre 1789. — *Berne à Montmorin.*

Le conseil annonce qu'il a donné sa garantie à l'Edit genevois du 10 février.

3. — Le Club des patriotes suisses (1).

422   — 61 —

29. — Copie d'un imprimé qui a paru en Suisse en janvier 1790 : « *A messieurs les fribourgeois résidant à Paris* ».

Il faut imiter « les valeureux Français »,et « chercher sérieusement à rentrer dans nos droits ». Les despotes ont violé les droits de la Commune et commis les pires horreurs. Il faut au moins obtenir la grâce des galériens de Brest, et des exilés de 1781, comme l'avocat de Castella. « Des membres très distingués de l'auguste Assemblée nationale » ont promis d'appuyer une requête qui est déjà signée d'un grand nombre de nos concitoyens. « Les fribourgeois, hommes d'honneur, amis de la liberté et respectant les décrets de l'Assemblée nationale, sont invités à venir la signer chez Madame Chaperon, hôtel

---

(1) Au début de la Révolution, existait en Suisse une *Société militaire* dont le but était de fortifier les gouvernements cantonaux en créant des liens entre les divers régiments helvétiques. La diète de Frawenfeld, de juillet 1789, encouragea ses efforts et les députés reçurent ses vœux *ad referendum* : le *recès* déclare qu' « elle est composée d'officiers qui ont de l'expérience et beaucoup de talent », et reconnaît qu'elle est très utile « à la défense de la patrie commune » (411, 149).

des Cent-Suisses, passage Saint-Roch..., où elle restera dé-
posée jusqu'au 18 février. »

Signé : « Un comité de Patriotes ».

— 62 —

30. — Copie d'un imprimé intitulé : « La voix libre des patriotes suisses à Nosseigneurs de l'Assemblée nationale »,
(Impr. Momoro, rue de la Harpe).

Les fribourgeois résidant à Paris et aux environs réclament
la libération des galériens de Brest : « Si tous leurs compatriotes ne se joignent pas à eux, c'est que leur voix n'est point
libre ». — Ils flétrissent « l'usurpation des aristocrates ». C'est
la Commune souveraine qui est l'alliée de la France. « L'Etre
suprême aurait-il créé tous les hommes libres et égaux en
droits pour asservir ensuite le plus grand nombre à la volonté
arbitraire de 200 magistrats aujourd'hui tirés d'une quaran-
taine de familles presque toutes unies par les liens du sang. »
Approuvés par le district des Prémontrés, ils demandent *un
asile* pour l'avocat de Castella.

— 63 —

78. — 6 septembre 1790. — *D'Affry à Montmorin*.

Il lui envoie l'imprimé qui suit (n° 64) et le prie de faire
« arrêter des démarches aussi hasardées... qui ne peuvent
qu'égarer le soldat ». Il communiquera la réponse au Corps
helvétique.

— 64 —

79. — 6 septembre 1790. — *Adresse des patriotes suisses*.

L'insurrection de Châteauvieux cause « une douleur extrême
aux patriotes suisses militaires et autres résidant à Paris ».
Ils veulent « en prévenir les suites fâcheuses ».

Les aristocrates suisses « tiennent le peuple dans une
honteuse servitude et ne laissent au soldat aucun espoir d'a-
vancement ». Les troupes n'ont que trop gémi sous le joug

de fer d'un despotisme aussi cruel qu'avilissant ». Les capitulations, « ouvrage de ministres de l'ancien régime », font des soldats suisses « autant d'esclaves de leurs chefs », et les livrent « au mépris même des soldats français ». Ils préfèrent la mort à cet état d'avilissement. « Traitez nous comme vos troupes de lignes, comme vos enfants ».

Ils s'efforceront, du reste, d'apaiser une insurrection qui n'a pu éclater « qu'à l'instigation de quelques personnes mal intentionnées et ennemies de la révolution ». A moins que les soldats ne soient tombés dans ces écarts « au souvenir d'une multitude de mauvais traitements. »

— 65 —

80. — 6 septembre 1790. — *Note envoyée en Suisse par les prétendus députés de la nation helvétique qui ont été admis à l'Assemblée nationale.— Remise par le comte d'Affry.*

Les députés du Club *autorisé* des patriotes suisses exposent « les griefs d'un peuple qui, par abus, n'est plus libre que de nom ». Ce peuple doit reconquérir sa liberté, et la France approuvera un dessein « qui a pour base la sagesse de ses principes ».

— 66 —

84. — 15 septembre 1790. — *Berne au Corps helvétique.*

Le canton réclame des mesures contre « les tentatives de plus en plus téméraires du Club des Suisses ». Lui-même a proclamé qu'il le regardait « comme un crime de haute trahison » et saurait punir les coupables. Comme ce Club « jouit à Paris d'une protection visible... contraire à l'article XV du traité d'alliance », il est urgent d'obtenir du roi sa dissolution et la livraison de ses membres à leurs souverains respectifs.

— 67 —

85. — 18 septembre 1790. — *Berne à Montmorin (ou à Vérac ?).*

Le canton communique « le décret que la république vient

de rendre contre ceux de ses sujets qui auraient eu part aux délibérations d'une association de soi-disant patriotes suisses à Paris ». Cette association répand « les écrits les plus calomnieux et les plus incendiaires » ; ses membres « usurpent la qualité de représentants de la nation qu'ils déshonorent » ; Berne espère que Sa Majesté « en ordonnera la destruction, et la punition des coupables ».

— 68 —

86. — 15 septembre 1790. — *Proclamation de Berne.*

La Société des « Suisses patriotes » cherche à susciter dans les cantons, par une foule d'écrits, « la révolte et toutes les horreurs qui en sont les suites ». Les bernois qui auront eu part à ses attentats seront châtiés « d'une manière conforme à l'énormité de leur crime ».

— 69 —

87. — 20 septembre 1790. — *Proclamation de Fribourg.*

L'Etat de Fribourg considère « comme un crime de haute trahison » les efforts des clubistes « pour exciter la révolte dans leur pays et en opérer la ruine ».

— 70 —

88. — 20 septembre 1790. — *Fribourg à Montmorin.*

L'Etat demande qu' « on mette un frein efficace aux voies pernicieuses d'un club aussi punissable ».

— 71 —

90. — 21 septembre 1790. — *Corps helvétique au roi.*

Il demande qu'on mette les troupes suisses « à l'abri des tentations et séductions ». Il se plaint des attaques du Club des Suisses dont les membres, unis « à quelques criminels d'Etat, ont eu l'effronterie de s'attribuer le caractère de représentants de la nation helvétique ».

— 72 —

104. — 11 octobre 1790. — *Fribourg au roi.*

Parmi les clubistes, il dénonce l'avocat Nicolas André Castella, de Gruyère, chef de l'insurrection de 1781, condamné par contumace avec promesse de cent louis à quiconque le livrerait mort ou vif ; l'avocat Rey, « banni de toute la Suisse pendant quarante années (en 1782) pour sa conduite séditieuse et rancunière » ; Chaperon, de Châtel-Saint-Denis ; Conns et Gremion, Cent-Suisses signataires de l'imprimé du Club intitulé : « Lettres aux Communes des villes, bourgs et villages de la Suisse, ou l'aristocratie suisse dévoilée » ; Roulier, de Sommentier, actuellement marchand de vin à Paris ; le petit-bourgeois Ignace Kolli fils.

Les galériens J.-J. Sudan, de Tressels, et François Huguenot, d'Ottenack, vont se joindre à eux. L'Etat demande qu'on lui livre tous ces criminels en vertu de l'article XV du traité de 1777.

— 73 —

171. — 23 février 1791. — *Lettre de Castella, président du Club suisse, et Hangerand, secrétaire, aux patriotes de Porrentruy.*

Ils les félicitent de la « glorieuse magnanimité » avec laquelle ils ont arraché à l'évêque, « une autorité temporelle usurpée sur le peuple ». « Un disciple de Jésus-Christ et un successeur des apôtres » ne peut exercer qu'un pouvoir spirituel. Il faut rejeter la médiation des aristocrates cantons, et « se modeler sur la sagesse des lois et principes de la France » (1).

— 74 —

172. — 23 février 1791. — *Lettre du Club au président des Etats du pays de Porrentruy.*

« Courage, amis et frères, courage et fermeté ! » Le temps

(1) Signé : Hangerand, secrétaire. — L'adresse du Club était : rue du Sépulcre, n° 19.

est venu « de se débarrasser de l'avilissant esclavage », et de
rendre au peuple sa souveraineté imprescriptible. « Le désor-
dre horrible s'est introduit jusque dans l'Helvétie... Quelle
horreur ! Là un évêque, ailleurs un abbé régnant en monar-
que. » « Les lumières que répand la France, le saint amour
de la liberté... qui embrase les cœurs vont régénérer le genre
humain », Mais « il ne faut pas faire un ouvrage à demi ».
L'évêque doit être pensionné et élu comme le roi.

Le Club « composé de Suisses de différents cantons », et de
plusieurs bruntrutains, doit contribuer « à rétablir les anciennes constitutions ». Il tâchera que « les traités avec la France
se passent à l'avantage de tous et non des aristocrates seuls ».

— 75 —
191. — 23 mars 1791. — *Bacher à Belland.*

« MM. de Berne ne rêvent qu'insurrection et rébellion ».
Ils sont capables de prendre « un régiment de Pandoures à
leur solde ». Ce qui a fait le mal ce sont « les attaques réité-
rées et indécentes du Club des Suisses, et les efforts de quelques jeunes étourdis se disant missionnaires ». — « Tant qu'on
pourra nous reprocher l'existence du Club des Suisses, l'ambassade n'aura pas influence. »

— 76 —
215. — 29 mars 1791. — *Bacher à Belland.*

« Le Club des Suisses déshonore la nation française. » « Ce
ramassis de galériens et de mauvais sujets..., quand il serait
payé par le clergé et la noblesse dépossédés, ne pourrait mieux
donner dans le sens de la contre-révolution. » Ce sont les Etats
démocratiques qui l'ont le plus « en horreur. » On accuse le
gouvernement français d'impuissance ou de violation des
traités.

— 77 —
231. — 9 avril 1791. — *Vérac à Montmorin.*

Il est urgent d'apaiser les alarmes des cantons en dissolvant le Club suisse et en donnant « l'improbation la plus authentique de ses coupables excès ». Il faut aussi punir « les bourgeois de Nancy qui ont tiré sur les troupes du roi » et dédommager l'évêque de Lausanne, M. de Lenzbourg, de la perte de son prieuré de Prévessin (pays de Gex, 4.000 livres de revenus).

— 78 —

423   59. — *Montmorin à Vérac.*

Si le Comité diplomatique ne se décide pas à supprimer enfin le Club suisse, il s'adressera à l'Assemblée.

— 79 —

98. — 22 juillet 1791. — *Vérac à Montmorin.*

La Diète helvétique « s'est interdit toute nouvelle réclamation contre le Club suisse », vu « le profond mépris » qu'il mérite et les mesures prises par les cantons contre sa propagande. — Vérac n'a d'ailleurs cessé de donner « les assurances les plus positives du désir que lui témoigne Montmorin de faire détruire ce Club » ; mais la violation du droit des gens qu'a commise la municipalité de Bar-sur-Aube en arrêtant la somme d'argent que le banquier Rougemont envoyait à l'État de Soleure, a excité « les plaintes les plus graves et les plus fondées ».

4. — L'affaire des Grisons.

421   — 80 —

146. — Coire, 14 juillet 1789. — *Lettre du baron de Salis de Marschlins, chargé d'affaires de France aux Grisons, à Bacher.*

« Les affaires des Grisons se trouvent dans une espèce de crise décisive. » Les lettres du prince de Kaunitz aux chefs des trois Ligues et au baron de Buol prouvent que « c'est la cour de Vienne même qui fomente les murmures », pour « plier le pays sous le joug impérial ». — Privé d'instructions, le chargé d'affaires a engagé les communes à demander aux cantons « secours et alliance confédérale ». C'est le seul moyen de gagner un temps précieux.

422.   — 81 —

19. — 30 avril 1790. — *Vérac à Montmorin.*

L'adresse présentée le 4 avril à l'Assemblée nationale « sous le nom supposé des Ligues Grises... a singulièrement étonné les principaux magistrats de la Suisse ». Cette « supercherie » compromet la dignité de l'Assemblée qui a rendu un décret sur un document faux. Le baron de Salis, « vivement affecté d'une imputation aussi absurde que l'est celle des prétendus fonds remis annuellement entre ses mains pour corrompre ses compatriotes », réclame les noms des quatre pages de signatures afin d'en prouver aux Ligues la fausseté.

— 82 —

42. — 31 mai 1790 — *Vérac au ministre.*

On a répandu dans les cantons 400 exemplaires d'un « discours prononcé par M. Peysonnel, le 3 mai, à l'Assemblée des Amis de la constitution » (Imprimé chez Baudouin, impr. de l'Ass. nat.). — Parmi ses erreurs et ses calomnies, on lit, p. 38 : un grand nombre de bons citoyens de la République grisonne et deux chefs de Ligues répudient « la politique perverse du ministère français qui veut dominer leur petit État en y semant la division et la discorde..., en y employant tous les moyens de corruption dont l'effet est d'altérer les principes républicains ». Le chef de la Ligue Cadée (Coire) a été omis parce qu'il appartient « à une famille prépondérante de laquelle il paraît que la République a infiniment à se plaindre ».

Vérac va tâcher d'obtenir un désaveu « de quelques personnes vendues au parti contraire et placées dans ce moment-ci à la tête de la régence », mais l'adresse des patriotes grisons aura quand même pour elle « la partie du peuple la plus nombreuse ».

— 83 —

45. — Coire, 25 mai 1790. — *Baron de Salis à Vérac.*

Il apparaît de plus en plus que le but de l'adresse grisonne est de détruire l'influence de la France dans le pays. De Salis réclame instamment des instructions : en attendant « il se tiendra avec une chaloupe aussi près que possible du vaisseau que Son Excellence dirige ».

— 83 *bis.* —

61 et 62. — 22 juin 1790. — *Vérac à Montmorin.*

Il faut retarder le plus possible les mesures qui feraient le jeu des novateurs grisons et suisses, ainsi que du parti autrichien. Le 20 juin, Vérac a encore reçu une lettre des Grisons protestant contre « la distribution corruptrice » et l'emploi même de chargé d'affaires.

5. — Les troubles du canton de Schaffouse.

422   — 84 —

31. — 12 mai 1790. — *Extrait d'une lettre de Zug.*

Dès le commencement d'avril, les paysans de Hallan, bailliage de Neukirch, ont refusé de jurer fidélité au nouveau bailli avant qu'il s'engageât à maintenir leurs privilèges. Des députés portèrent leurs doléances au conseil de Schaffouse : **engagements du bailli, liberté commerciale, suppression de la gabelle, petite dîme, corvées et droit mortuaire.** En mai, les révoltés « ont fini par refuser toute obéissance à leurs souverains » ; la bourgeoisie de Schaffouse s'est armée.

— 85 —

34. — 25 mai. — *Note sur les troubles de Hallan.*

Le mouvement est apaisé ; Zurich et Berne ont promis « de faire marcher des troupes à la première réquisition ».

6. — Troubles du Valais.

422   — 86 —

82. — 14 septembre 1790. — *Berne au C. H.*

Des troupes sont prêtes à réprimer « l'insurrection inquié-
tante » du Bas-Valais et à défendre la frontière.

— 87 —

83. — 17 septembre 1790. — *Vérac à Montmorin.*

« Quelques communautés du Bas-Valais, soutenues par les
habitants de trois villages de la Savoie, ont marché vers Saint-
Maurice ». Le 13, après une séance de huit heures, les Deux-
Cents ont décidé de lever 3.000 hommes, dont 1.000 dans le
pays de Vaud et 2.000 dans les pays allemands. En cas de
besoin, « cette avant-garde sera soutenue par un corps de
8.000 hommes ». Le trésorier de Muralt commandera en chef ;
le baron d'Erlach sera quartier-maître-général et commandera la cavalerie. Le conseiller Fischer ira de suite dans le
gouvernement d'Aigle lever les deux bataillons du régiment
de Vevey.

Le 14, le grand Conseil a envoyé de Muralt et deux membres des Deux-Cents dans les villes du pays de Vaud pour y
« entendre les plaintes ».

Quant aux frontières de Franche-Comté, on s'est contenté,
pour l'instant, des trois petits postes qui y sont établis.

Lucerne, Fribourg et Soleure veulent une Diète générale,
contrairement aux désirs des petits cantons.

7. — Troubles de l'évêché de Bâle.

422.   — 88 —

154. — 10 février 1791. — *Bâle à Lucerne.*

Le canton s'oppose par la force au passage des Autrichiens,
malgré « la réquisition très pressante » du prince. D'Affry
est avisé.

(Lucerne répondit que la situation critique du prince né-
cessitait une intervention armée, et qu'il valait mieux subir le
passage qu' « une forte atteinte à la considération du L. Corps
helvétique ». — Le 31 janvier, le prince avait communiqué
confidentiellement à Lucerne « la gracieuse et consolante promesse de l'empereur ». — Le 14 février, Lucerne avait fait
part de même au prince de sa réponse à l'Etat de Bâle.)

— 89 —

155. — Canton de Bâle à l'Empereur.

Il déclare que l'inviolabilité de son territoire a toujours été
« une des bases de l'indépendance helvétique ». Le prince lui
doit peut-être « l'existence de son évêché ». — « Les mouvements extraordinaires et difficiles à expliquer qui se manifestent au-delà du Rhin augmentent chaque jour les alarmes
(du canton). »

— 89 bis —

159. — 13 février 1791. — Vérac à Montmorin.

Il approuve Bâle de « son attachement scrupuleux aux principes fondamentaux sur lesquels reposent les alliances de
la France avec le Corps helvétique. »

— 90 —

161. — 13 février. — Bacher (à Belland).

« MM. de Bâle se laisseraient plutôt hacher que de se permettre par une lâche complaisance une nouvelle houzarderie
autrichienne » (comme en 1709). On ne peut mettre à la merci
des Autrichiens l'Alsace et la Franche-Comté « où toutes les
têtes sont exaltées ».

— 91 —

163. — 15 février 1791. — Vérac à Montmorin.

Il annonce la députation à Porrentruy de Berne, Bâle et
Soleure.

— 91 *bis* —

166. — 19 février 1791. — *Id*.

Le Corps helvétique veut pour sauvegarder sa tranquillité
« soutenir de tout son pouvoir les droits du prince» et « arrêter dans son principe l'insurrection ».

— 92 —

170. — *Bacher (à Belland)*.

« La légion de Mirabeau Cadet » est prête à porter secours aux contre-révolutionnaires de l'évêché.

— 93 —

174. — *Montmorin à Vérac*.

Il approuve le canton de Bâle et ordonne de « donner une
attention suivie à cette affaire beaucoup plus importante par
les conséquences qu'elle peut avoir que par elle-même ».
Pourtant, « nous n'aurions pas été proprement dans le cas de
nous plaindre de la complaisance du canton de Bâle pour
l'Empereur, comme d'une infraction aux traités ».

— 94 —

175. — 24 février 1791. — *Vérac à Montmorin*.

Lucerne, Zurich, Berne et Soleure ne sont pas d'avis de
refuser le passage.

— 95 —

177. — 27 février 1791. — *Empereur Léopold à Bâle*.

Il ne s'agit point d' « attenter à la liberté garantie à la Suisse
par le traité de Westphalie », mais de prendre « une mesure
d'utilité générale » « à la demande constitutionnelle du souverain » S'y opposer, serait contribuer « à fomenter des troubles ». Le traité de Westphalie stipule, d'ailleurs, que la sé-
curité du prince, « membre immédiat de l'empire », sera sau-
vegardée « par des marches de troupes à qui le passage sera
accordé pourvu qu'elles ne causent aucun préjudice ».

Bâle doit renoncer à son refus injustifié « s'il lui importe de cultiver la bienveillance de ceux de ses voisins qui peuvent favoriser son commerce ». S'il n'y renonce point, tous les Etats de l'empire seront avertis qu' « il aura aggravé le mal en empêchant le bien ».

— 96 —

182. — 6 mars 1791. — *Bacher à Belland.*

« Les députés helvétiques font bombance et boivent à longs traits le vin de Son Altesse. » Les cantons désapprouvent Bâle.

— 97 —

186. — 12 mars 1791. — *Vérac à Montmorin.*

La lettre de l'Empereur manifestant « la pureté de ses intentions » dissipera « les craintes chimériques » de Bâle.

— 97 bis —

194. — 19 mars 1791. — (*Vérac) à Montmorin.*

Bâle a dû céder, les autres cantons le rendant responsable des malheurs qui arriveraient. Berne et Soleure déclarèrent qu'ils ne pourraient pas envoyer de troupes à Porrentruy.
(La lettre de Bâle à Vérac est du 15 mars) (n° 195).

— 98 —

200. — 19 mars 1791. — *Lettre circulaire du Directoire de Zurich au Corps helvétique.*

Il n'y avait point « de moyens moins onéreux... pour veiller au bien-être de la Confédération helvétique que l'introduction des troupes allemandes dans l'évêché ». Il a été stipulé que celles-ci, limitées à deux compagnies, « ne serviraient qu'au maintien de la tranquillité intérieure et du bon ordre dans les Etats du prince-évêque ».

Les cantons ont assuré celui de Bâle « de leur appui réel conformément aux traités, si le cas l'exigeait ».

— 99 —

212. — 28 mars 1791. — *Bâle à Berne*.

Etat du détachement du régiment de Genningen qui a
passé à Bâle le 18 : 2 capitaines, 2 lieutenants et 2 sous-lieutenants, 2 enseignes, 2 sergents-majors, 16 caporaux, 8 fourriers,
6 musiciens, 24 appointés, 4 charpentiers, 340 soldats, 1 chi-
rurgien. — Pour l'artillerie, 6 canonniers, 8 manœuvriers,
6 valets conducteurs (1 canon). — Pour la cavalerie, 1 lieutenant, 2 sous-lieutenants, 30 cavaliers hongrois. — Au total
463 hommes. — Signé : de Kermack, capitaine.

423.   — 100 —

64. — 17 juin 1791. — *Vérac à Montmorin*.

Le 11 juin, « une troupe de bandits sortis de Franche-
Comté » a essayé d'enlever le bailli des Franches-Montagnes,
M. de Kempf. « Le mécontentement des principaux cantons
va être incessamment porté à son comble. »

8. — Troubles du pays de Vaud.

423.   — 101 —

83. — 10 juillet 1791. — *Adresse de la Société des Amis de la
Constitution, séante à Dijon, au peuple de Lausanne.*

« Vos cœurs sont à nous... : ce rempart vaut bien des mers,
des flots et des montagnes. Bon peuple, agréez l'hommage de
nos sentiments...Peut-être n'est-il pas éloigné l'instant où nous
pou ons applaudir à vos succès : car si jamais l'aristocratie... voulait vous enchaîner au nom de la liberté, alors vous
verrez que les Français sont vraiment vos frères et vos amis.
Nous ajoutons avec le plus doux plaisir que nos concitoyennes
ont formé dans cette ville une société d'Amies de la Constitu-
tution.... : elles nous ont voué la plus vive reconnaissance.

« Prévost, président ; Trullard, B. Berlier, Burette et Ber-
nard, secrétaires. »

— 102 —

128. — 4 août 1791. — *Berne à Montmorin*.

En signalant le libelle dijonnais, le canton demande que
« des mesures efficaces » mettent le pays à l'abri des menaces
révolutionnaires.

— 103 —

134. — 9 août 1791. — *Baron d'Erlach, bailli de Lausanne,*
commandant les troupes de la frontière, à la municipalité
de Dijon.

Si aucune mesure n'est prise pour punir ni prévenir les
désordres fomentés par le Club dijonnais, d'Erlach a ordre « de
regarder comme suspect et de traiter comme tel » tout habitant de Dijon qui viendra en Suisse.

— 104 —

139. — 10 août 1791. — *Extrait d'une lettre du trésorier*
Frisching à Bacher.

« Quoique la Suisse ait beaucoup à se plaindre des manœuvres (des Clubs patriotiques), elle restera entièrement neutre
et tâchera de garder ses frontières. » La répression des *orgies*
d'Ouchy et de Rolle a eu pour but de montrer aux villes du pays
de Vaud « qui s'imaginent déjà toutes jouer un rôle à l'Assemblée nationale de France », que le gouvernement « avait de
quoi leur faire passer leurs grimaces démocratiques ». Quant
aux secours qu'elles attendent des départements français, « si
les nouveaux souverains de ce pays-là jugent à propos de se
frotter à nous, ils nous trouveront tout prêts à nous escrimer
avec eux ».

— 105 —

145 — Yverdon, 9 août 1791. — *Avoyer Pfyffer à Bacher.*

Les cerveaux démocratiques, les têtes faibles, ont cru qu'« il
n'y avait qu'à former des associations avec les mécontents »
et à se monter au ton des démocrates français ». L'ivrogne-
rie a fait de l'anniversaire de la Fédération « l'orgie la plus

indécente ». Mais les honnêtes gens et le peuple des campagnes sont prêts à s'armer contre « les entreprises de la démocratie ».

— 106 —

147. — 14 août 1791. — *Lettre du général de Zurlauben.*

(Cettre lettre est en grande partie la répétition du n° 104.)

« Toutes les communes du pays de Vaud nous ont envoyé des adresses de fidélité. » Le reste de la Suisse est absolument d'accord dans la lutte contre la révolution. « On n'a jamais témoigné plus de prévenance et d'attachement au gouvernement ».

— 107 —

180. — 14 septembre 1791. — *Bacher à Montmorin.*

Les troupes sont cantonnées entre Moudon et Lausanne : les dragons au château de Carouge, à Menières et à Montpreveire ; l'infanterie à Moudon et les chasseurs à Bressona. — La Harpe, l'un des principaux agitateurs, est parti. Rosset et La Mothe doivent avoir été conduits à Chillon ; un bourgeois bernois, qui a tenu des propos séditieux au camp de Payerne, a été enfermé au château d'Arbourg. Un cavalier arrivant de France avec des libelles incendiaires a été arrêté à Lausanne où il sera jugé.

— 108 —

208. — 4 octobre 1791. — *Montmorin à Bacher.*

Les moyens que l'on emploie (dans le pays de Vaud) pour étouffer jusqu'au germe de l'insurrection ne peuvent qu'être approuvés. »

— 109 —

286. — 28 décembre 1791. — *Berne au roi.*

N'ayant pas reçu de réponse des ministres, MM. de Berne s'adressent à Sa Majesté. L'imprimerie de Versoix, établie dans l'unique but de « bouleverser le gouvernement » d'un Etat voisin, ne peut être considérée « comme une suite de la liberté de la presse la plus étendue ». Elle viole le droit des gens et les traités, et il est urgent de la supprimer.

POLITIQUE INTERCANTONALE
ET RAPPORTS FRANCO-HELVÉTIQUES (1789-1791)

421 — 110 —

3. — 9 janvier 1789. — *Berne aux cantons neutres.*

Zurich et Schwitz se sont mis d'accord au sujet de la libre navigation du lac de Zurich. — Projet de réponse à faire à Zurich par les cantons neutres.

— 111 —

55. — 30 mars et 2 avril 1789. — *Déclarations de Berne et Fribourg.*

Réciprocité dans l'application des lois est accordée aux Français habitant les bailliages communs de Morat, Grandson et Echallens ; le bailliage bernois de Schwarzenbourg.

(Edits de Sa Majesté Très Chrétienne des 20 août et 16 septembre 1784.)

— 112 —

103. — 19 mai 1789. — *Lucerne à Bacher.*

Lucerne demande l'envoi immédiat des « sels d'alliance », afin de prévenir « la plus grande détresse ».

— 113 —

132. — 22 juin 1789. — *Neuchâtel à la Diète de Frawenfeld.*

MM. de Neuchâtel réclament instamment d'être admis dans l'alliance de 1777 avec la France. « Ils se sont toujours fait gloire d'appartenir (au Corps helvétique) dont ils ont toujours partagé les destinées ». « Les pères de la commune patrie » ne peuvent abandonner un de ses « boulevards », et sacrifier

« plusieurs milliers de combattants pleins de feu et d'ardeur ».
« Leur auguste souverain, dès son avènement au trône, s'empressa de témoigner combien la nation suisse lui est chère ».
Signé : de Pury, président du Conseil.

— 114 —

149. — Juillet 1789. — *Extrait du Recès de la Diète de Frawenfeld.*

Fribourg, Unterwald-le-Haut, Glaris Catholique et Ury refussent l'admission de Neuchâtel « nonobstant les représentations les plus énergiques des L.L. Etats consentants ». Unterwald-le-Bas n'y consentirait que dans le cas d'unanimité des Etats.

Les députés prennent *ad referendum* les vœux de la Société militaire helvétique, « composée d'officiers qui ont de l'expérience et beaucoup de talent ».

— 115 —

30 juillet 1789. — *Berne à Montmorin.*

Le canton demande le transit par Marseille et Genève de 10.000 charges de blé, à 250 livres (poids de marc) la charge. Ce blé vient de Barbarie et de l'Italie du Sud.

(Le 26 août (f. 187), Berne renouvela cette demande qui n'avait reçu aucune réponse.)

— 116 —

195. — 8 septembre 1789. — *Montmorin à MM. de Berne.*

D'après Necker, la disette rend dangereux le transit demandé : « il serait regardé comme une exportation que le peuple s'efforcerait peut-être d'empêcher. » Berne devra donc s'adresser à l'Allemagne et on lui remboursera les blés qui arriveront à Marseille, si le canton consent à les vendre à la France.

422   — 117 —

28. — 17 mai 1790. — *Vérac à Montmorin.*

« Les Communes générales et souveraines qui viennent de

se tenir successivement depuis 15 jours dans les cantons démocratiques n'ont jamais été plus pacifiques. » — Mais « les
démagogues genevois » correspondent avec ceux de Fribourg:
il faut prévenir leurs menées.

— 118 —

139. — Janvier 1791. — *Mémoire des négociants du canton
de Berne* (remis à Montmorin par M. Imhof, membre du
Conseil souverain).

Les nouveaux tarifs sont néfastes au commerce et à l'industrie bernois. Les ateliers de bonnetterie et les fabriques de
toile seront ruinés. Pourtant, le canton tire de la France les
draps, les soieries, les cotons, le sucre, le café, l'épicerie, la
quincaillerie, l'indigo, l'huile, le savon, les vins fins, le tabac,
et toutes sortes de marchandises de mode et de luxe, ce qui
donne à la balance commerciale une différence de trois millions
en faveur du royaume. Le traité de 1777 est « le terme fatal
de la décadence de toutes les marchandises bernoises ».

— 119 —

153. — 22 février 1791. — *Bacher à Montmorin.*

Le canton de Fribourg est rentré dans le calme : les 200 hommes mis sous les armes vont être licenciés, et on ne laissera
plus que « les quelques piquets qui étaient déjà sur la frontière ».— « J'y ai trouvé les têtes froides, ajoute Bacher, et les
magistrats sans inquiétude. »

Les assignats sont dans le commerce.

— 120 —

211. — 25 mars 1791. — *Trésorier Frisching à Bacher.*

« Les indignes menées des Jacobins, la protection ouverte
que le gouvernement français actuel donne à cet indigne club
des soi-disant patriotes suisses..., la destruction totale de nos
relations mercantiles, les défenses d'exportation des blés et
sels, même pour le transit, ne sont pas bien propres à nous

attacher à vos principes nationaux et la France actuellement n'est pas une école que les souverains doivent chercher avec empressement pour y envoyer leurs sujets. »

423 — 121 —
2 et 8. — 2 mai 1791. — *Vérac au Corps helvétique*
et à Montmorin.

L'ambassadeur notifie au Corps helvétique la nouvelle constitution. Il avertit Montmorin que les Cantons entendent « ne pas être troublés chez eux dans leur croyance religieuse, dans les préjugés et même dans les erreurs politiques sur lesquels reposent la force et la puissance de leurs différents gouvernements ».

— 122 —
15. — 7 mai 1791. — *Trésorier Frisching à Bacher.*

« Comme (la nouvelle Constitution) est une affaire dont nous n'avons pas à nous mêler, il ne nous restera qu'à faire des vœux pour le bonheur de Sa Majesté et de la nation française. »

« Les membres de la municipalité de Pontarlier nous ont écrit pour nous dire qu'il leur revient de toutes parts que nous armons contre eux, et que leur peuple veut qu'on s'arme aussi pour nous repousser vigoureusement... Nous avons ri de tout cœur de la bonhomie et de la bonne volonté de MM. de Pontarlier. »

— 123 —
22. — 10 mai 1791. — *L'un des principaux magistrats*
de Fribourg (à Vérac).

Les puissances « auront de la peine à se persuader » que Sa Majesté a accepté librement la Constitution. La preuve du contraire, ce sont les encouragements contraires aux traités prodigués par les membres de l'Assemblée aux ennemis des cantons.

« L'égalité imaginaire des hommes » n'a pas fait avancer la question des capitulations.

« Vous m'avez fait l'honneur de me dire dans ma chambre
que l'on ne toucherait point à la religion, que l'on ne faisait
que remettre la discipline ecclésiastique selon les premiers
siècles, mais les émigrants catholiques de toutes conditions
qui se réfugient ici et ailleurs annoncent plutôt des siècles de
persécutions. »

Les nouvelles répandues par Castella dans le régiment des
gardes, qu'il cherche à soulever contre l'état-major, prouvent
aussi que la subordination est gravement menacée.

— 124 —
24. — 12 mai 1791. — *Vérac à Montmorin.*

M. de Soliva, commissaire des guerres, a envoyé à Vérac,
par l'intermédiaire du ministre, des lettres circulaires aux
Etats suisses. On y lit : « L'Assemblée nationale de France a
chargé son Comité diplomatique de s'occuper du renouvellement du traité d'alliance...(et de leur insinuer que) si à cette occasion ils jugent à propos de l'honorer de leur confiance pour
en suivre les opérations, il fera ses efforts pour donner au
L. Corps helvétique des marques de son dévouement pour
tous les services qui seront exigés de lui. »

Vérac déplore les embarras que va lui créer une aussi extraordinaire notification : les cantons seraient du reste froissés
de ne pas communiquer directement avec l'ambassadeur.

— 125 —
29. — 17 mai 1791. — *Fribourg à Zurich.*

La réponse à faire à la notification de la Constitution française exige « une conférence confidentielle de tous les Etats
de la Suisse ».

— 126 —
30. — 18 mai 1791. — *Lettre de Bacher.*

Les contre-révolutionnaires se sont réunis dans un château
voisin de Soleure : ils ont décidé « de ne se permettre aucune
démarche marquante » avant juillet. — Les banquiers alle-

mands et suisses ne leur prêtent plus d'argent. — Beaucoup
d'officiers et de jeunes gentilshommes se rendent à Worms,
Ettenheim et Rastadt. « On ne pourra que s'amuser à la pan-
tomime ».

— 127 —
35. – *Vérac à Montmorin.*

« Les menées que le Club des Suisses continue à se permettre avec une audace incroyable... ne laissent à l'Etat de
Fribourg d'autre ressource que celle de se porter à un parti
extrème. »

— 128 —
86. — 14 juillet 1791. — *Lettre à Vérac des députés de Zurich,
Berne, Lucerne, Uri, Schwitz, Unterwald, Zug, Glaris, Ap
penzell, Deux-Rhodes et Saint-Gall.*

Ils remercient Vérac de sa lettre obligeante, « nouveau et
agréable témoignage de la très précieuse bienveillance que
Sa Majesté porte à la République helvétique ». Elle est par-
venue alors que déjà « plusieurs députations avaient quitté
Frawenfeld ».

— 129 —
87. — 15 juillet 1791. — *Vérac à Montmorin.*

Si les ordres du ministre étaient arrivés à temps pour que
Bacher parlât à la Diète au nom de l'Assemblée nationale,
« il eût pu être exposé à des désagréments dont il eût été
difficile de prévoir le genre et les suites d'après les mécon-
tentements, et la fermentation qui règnent dans les esprits ».
Les nouvelles de « l'insubordination totale où est le régiment de Castella » mettent le comble à l'inquiétude des cantons.

— 130 —
95. — 20 juillet 1791. -- *Bacher à Belland.*

La suspension du pouvoir exécutif a produit en Suisse une
émotion qui ne sera calmée que lorsque le roi aura recouvré

une légitime autorité. « Alors nul doute ... que les deux nations s'identifient. »

Zurich, Bâle, Schaffouse, Bienne, Saint-Gall-ville et Mulhouse « sont naturellement portés pour la constitution de France ». Quant aux petits États démocratiques, « ils ne connaissent la Révolution que par ce que leur en disent les capucins et leurs chefs » ; ils sont fort attachés « à la personne du roi et encore plus aux petits écus ». Schwitz avait promis 40 sols par jour à chacun des paysans armés qui devaient marcher en Valais.

— 131 —

99. — 4 juillet 1791. — *Extrait de l'Abschied de la Diète* (§ 5).

L'État de Zurich ayant proposé aux cantons d'accuser à l'ambassadeur réception de sa lettre concernant l'acceptation royale de la constitution, le Corps helvétique a décidé de différer encore la réponse « jusqu'à ce que l'on y voie plus clair et qu'il se présente des circonstances plus pressantes ». Les événements survenus depuis « rendent l'acceptation royale plus que douteuse ».

Sur la proposition de Fribourg, la Diète a chargé les députés de Zurich, Berne, Lucerne, Fribourg et Schwitz de rédiger une lettre adhortatoire aux troupes suisses les engageant à la subordination et leur interdisant la fréquentation des Clubs dits patriotiques : cette lettre, unanimement agréée, sera soumise à l'approbation des souverains respectifs.

La Diète a ensuite interdit aux troupes suisses de prêter un serment qui les oblige à obéir à tout décret de l'Assemblée nationale, et qui ne fait pas mention du roi, contrairement aux capitulations. Le comte d'Affry, « qui a donné la main incompétemment à sa prestation », a été blâmé par lettre.

Plusieurs États, en particulier Zurich et Berne, s'étant plaint du paiement des officiers en assignats, une lettre de protestation a été envoyée à Vérac.

G. — 7

Fribourg a reçu l'autorisation de prendre les mesures nécessaires contre « les mauvais sujets et têtes turbulentes » du Club
des Suisses. Le Corps helvétique interviendra quand il aura
reçu une réponse « aux représentations les plus efficaces » déjà
adressées au ministre.

La Diète promet à Bâle de l'aider à défendre ses privilèges,
dîmes et rentes foncières en Alsace ; à Lucerne, de recom-
mander les officiers de Châteauvieux, si éprouvés par les
troubles de Nancy.

(Suivent les lettres à d'Affry et à Vérac.)

— 132 —
117. — Extraits de lettres.

M. Dohm, ayant quitté Altdorf le 15 juillet, a renouvelé au
Corps helvétique (à Zurich) la proposition d'entrer dans la
Confédération des princes d'Allemagne.

— 133 —
118. — Bacher à Belland.

Le voyage de M. Dohm est dû au désir du roi de Prusse
d'avoir des troupes suisses à son service.

Les troubles du pays de Vaud obligent Berne à lever 8.000
hommes : « Les avis incendiaires sont semés avec une audace
inouïe jusque dans les maisons des membres du gouvernement. »

— 134 —
123. — 1er août 1791. — Note de Vérac sur un convoi d'argent soleurois arrêté à Bar-sur-Aube.

La maison de Rougemont-Hottinguer et Cie ayant voulu
rembourser à l'Etat de Soleure les 80.000 écus de six livres
qu'elle lui devait, le conseiller Merian et le secrétaire des
finances Tchumer allèrent les chercher à Paris vers le 15 juin
Le 23, la municipalité de Bar-sur-Aube s'en saisit sous prétexte d'un décret de l'Assemblée du 21. Les démarches des
soleurois n'aboutirent qu'aux procédés « les plus inattendus
et les plus humiliants ».

Soleure invoque le droit des gens et les traités.

160. — Quelques semaines après, Soleure se plaignit à Vérac que le convoi avait été de nouveau arrêté à Belfort, malgré le décret du 30 juillet et les ordres du ministre de l'Intérieur.

— 135 —

144. — 14 août 1791. — *Bacher à Montmorin.*

Dès qu'il sera établi que le roi aura librement accepté la Constitution, les cantons seront trop heureux de renouveler des liens qui peuvent seuls « maintenir leur indépendance » et sauvegarder leur prospérité. « Leur existence politique ne tiendrait plus qu'à un fil » s'ils favorisaient les projets d'invasion de l'Allemagne et de la Sardaigne.

— 136 —

155. — 20 août 1791. — *Proclamation de la République de Berne, lue dans les Eglises.*

Le bruit répandu « que le rassemblement de troupes... est relatif aux affaires intérieures de France » est une atroce calomnie, œuvre de clubs voisins de la frontière comme ceux de Saint-Claude et de Pontarlier.

— 137 —

174. — 30 août 1791. — *Fribourg à Zurich.*

Le canton demande une réunion extraordinaire des États pour délibérer confidentiellement sur les dangers que font courir à la Suisse les événements de France.

Le 7 septembre, une circulaire du Directoire de Zurich proposa de différer cette réunion à cause de la vive sensation qu'elle produirait.

— 138 —

198. — *Zurich aux États.*

Le baron de Castelnau, ancien résident français à Genève, a remis au Directoire de Zurich une lettre des frères de Louis XVI : Monsieur et le comte d'Artois annoncent la décla-

ration de Pilnitz, et déclarent que la cause du Roi est deve
nue celle de tous les gouvernements.

Zurich « sans vouloir rien prescrire dans l'état géné des
choses », propose « d'attendre tout uniment ce qui pourra
arriver ».

— 139 —

199. — 28 septembre 1791. — *Corps helvétique à Louis XVI.*

Le roi lui a annoncé, le 20, qu'il a accepté la Constitution :
sa lettre « offre le témoignage le plus important et le moins
équivoque des intentions généreuses avec lesquelles il désire
concourir au bonheur de la nation française ». Le Corps helvétique « reçoit avec reconnaissance les assurances de la con-
tinuation des anciennes alliances ».

(Zurich proposa aux États d'approuver ce projet de lettre, et
leur demanda si on devait l'envoyer à Paris par le canal de
Bacher.)

— 140 —

202. — Lucerne, 19 août 1791. — *Général Pfyffer à Bacher.*

« M. Dhom est parti avant-hier pour Berne. Je l'ai peu vu.
Il était adressé ici à notre club, car vous savez sans doute que
nous en avons un, et ces Messieurs ne l'ont pas quitté de vue.
Il n'a faufilé ici avec aucun gros bonnet ».

(Le 4 octobre, Bacher avertit Montmorin que Dohm était parti
à Aix-la-Chapelle.)

— 141 —

226. — 17 octobre 1791. — *Berne à Montmorin.*

« Les écrits les plus dissolus et remplis des calomnies les
plus grossières » sont répandus dans le canton. Berne demande qu'on recherche les coupables.

— 142 —

240. — *Bacher à Belland.*

Le club de Lucerne est « une association de jeunes gens
qui lisent les papiers français et surtout le *Moniteur...* On sur-
veille de près cette jeunesse ».

La Suisse tient aux capitulations, car elle a « une appréhension extrême » de l'empire qui a à revendiquer des deux tiers du territoire helvétique. — Mais elle veut que la nation française « ne fasse qu'un avec le roi ».

— 143 —

241 et 252. — 9 et 18 novembre 1791. — *Bacher à Montmorin.*

L'Espagne envoie auprès des cantons catholiques don José de Camano qui veut reconstituer un parti puissant, et régler avec Schwitz, Soleure et St-Gall les contestations relatives aux quatre régiments suisses au service de l'Espagne.

— 144 —

264. — 7 septembre 1791. — *Mérian l'aîné au ministre.*

Le secrétaire de la Chambre des finances de Soleure expose comment la somme qu'il ramenait a été interceptée. « Aussitôt le décret de justice rendu », plusieurs membres du Club des Jacobins de Paris ont prévenu les clubs de province que « cette affaire n'était pas claire » et qu'il fallait l'approfondir. La municipalité de Bar-sur-Aube « nomma six députés pour faire des représentations à l'Assemblée nationale ». Mais à Troyes, le département délivra les 17 caisses du convoi. Le 14 août, à Belfort, « sous le bruit populaire », nouvelle confiscation : la municipalité, brouillée avec le district, somma celui-ci de venir à l'hôtel de Ville exécuter les ordres du département et pourvoir au départ des caisses d'argent. Mais les membres du district quittèrent aussitôt la ville et la populace, haranguée par des aspirants à la députation, s'opposa à ce qu'on laissât partir des millions destinés à la contre-révolution. Il fallut ouvrir les caisses et compter les écus séance tenante : on trouva la même somme qu'à Bar, ce qui n'empêcha point les orateurs et les membres du Club d'écrire aux maires des villages voisins que l'argent serait partagé entre les communautés. Enchantée, la plèbe menaça de la lanterne et chassa trois fois les commissaires venus de Colmar pour faire respecter la loi.

Mérian demande la cessation de désordres publics que l'impunité aggrave et l'appui du ministre auprès du Comité diplomatique.

— 145 —

266. — 9 décembre 1791. — *Trésorier Frisching à Bacher.*

« Aussi longtemps que les clubs joueront les maîtres », Berne ne pourra gracier les galériens de Châteauvieux. Son régiment est « fort dégoûté d'être en Provence ». Les deux neveux de Frisching ont manqué d'être pendus ou lapidés à Marseille. Si ce n'étaient « l'affection et la raison du bon voisinage à garder avec la France », le canton placerait ses soldats autre part, à des conditions « peut-être plus avantageuses ».

Frisching demande s'il est vrai qu'un bataillon de gardes nationaux doit arriver à Versoix : dans ce cas, Berne, qui n'a même pas été prévenu, enverrait des troupes dont on ne pourrait plus garantir le sang-froid. Il vaudrait mieux « éviter tout ce qui pourrait troubler la paix ».

— 146 —

267. — 11 décembre 1791. — *Bacher à de Lessart.*

Le Directoire de Zürich refuse d'étendre l'amnistie générale aux soldats suisses. Les cantons ne se relâcheront pas de leur rigueur avant que la discipline militaire soit bien rétablie en France.

— 147 —

293. — 31 décembre 1791. — *Bacher au ministre.*

L'annonce de l'arrivée de Barthélemy « tranquillise un peu nos partisans ». Les émigrés et la nonciature répandent le bruit que « la ruine de la catholicité est une suite inévitable de la révolution ».

De Camano est attendu à Soleure du 10 au 15 janvier.

V

RENOUVELLEMENT DES CAPITULATIONS

421.   — 148 —
2. — Versailles, 4 janvier 1789. — *Lettre du comte
de Puységur.*

« Berne persiste à regarder son accession à une capitulation générale comme contraire à sa constitution. »

(Dans une lettre du 11 janvier, d'Affry explique que la capitulation du régiment d'Ernst est terminée depuis plus d'une
année, et que la capitulation générale des six régiments suisses expirera en novembre.)

— 149 —
26. — Stuttgardt, 12 février 1789. — *Baron de Mackau
à Montmorin.*

L'abbé de Saint-Gall et le canton de Schwitz désireraient
fournir chacun un régiment entier au lieu de 5 compagnies.

— 150 —
28. — Altdorf, 16 février 1789. — *Muller, ancien
landamman du canton d'Ury, à Vergennes.*

Muller défend les droits des six cantons démocratiques, qui
seront lésés « tant que le grand mot de concurrence générale
se trouvera dans la capitulation ». C'est « le plus adroit » qui
l'emporte. Il faut donner aux cantons démocratiques un régiment séparé et trois compagnies aux Gardes suisses.

(Mêmes plaintes dans la lettre du Directoire d'Ury aux États
démocratiques, du 16 février.)

— 151 —

30. — 16 février 1789. — *Etats catholiques à Vergennes.*

Lucerne, Uri, Schwitz, Unterwald Haut et Bas, Zug, Glaris, Soleure, Appenzell et l'abbé de Saint-Gall demandent le renouvellement de la capitulation de 1764.

— 152 —

31. — 20 février. — *Fribourg à Vergennes.*

Le Conseil fribourgeois demande « quel sera le temps qui sera le plus agréable à Sa Majesté pour la négociation ».

(Dans une lettre du 2 janvier à Bacher, le général Pfyffer avait signalé l'opposition de Fribourg au renouvellement.)

— 153 —

32. — 20 février 1789. — « *Réflexions d'un patriote bernois sur le service des troupes suisses chez les puissances étrangères, insérées dans le* « *Museum helveticum* », t XI, 1788. »

« Cette charge est d'autant plus insupportable qu'elle est accompagnée de mille inconvénients sans aucun avantage ;... ne perdons pas cette occasion de secouer le joug... Aucune capitulation n'est compatible avec la dignité et l'indépendance de la République. »

— 154 —

33. — 20 février 1789. — *De Vergennes à Montmorin.*

Les cantons réclament divers changements : Lucerne veut que deux de ses compagnies sur dix soient réservées à l'avancement de ses sujets ; Ury, que ses officiers soient nommés comme les autres aux grades supérieurs et aux Gardes suisses ; Schwitz, qu'on lui rende les 5 compagnies perdues; Fribourg, que les Etats catholiques se réunissent en diète ; Soleure, que sur ses sept compagnies, 1 soit réservée à ses nouveaux bourgeois, 1 autre à ses sujets ordinaires, et 5 « aux familles capables de gouvernement » ; St-Gall, qu'on ajoute à ses 5 compagnies, 2 compagnies ambulantes pour ses sujets Toggenbourgeois.

Il faudrait prévenir qu'il n'y aura « aucune gratification extraordinaire », pour enlever aux cantons l'envie de « faire acheter leur complaisance ».

— 155 —

34. — *Note relative aux demandes des cantons démocratiques.*

Les cantons doivent être convaincus que le projet de la cour est un ultimatum. Il suffira de « les laisser déraisonner à leur aise » Sans cela, les chefs des cantons populaires soutiendraient des opinions opposées pour « mettre la caisse de l'ambassade à contribution ».

Les régiments suisses de Naples et d'Espagne ne sont guère composés que de déserteurs. La France reste pour les cantons le meilleur débouché, d'autant plus que les autres Etats préféreraient des mercenaires allemands, payés moins cher.

(P. 36, une autre note du 25 février rapporte que la Cour d'Espagne a nommé le nouveau colonel du régiment soleurois sans faire le moindre cas d'une lettre du gouvernement de Soleure lui annonçant qu'il avait promu à ce poste un membre de son grand Conseil.)

— 156 —

40 et 42. — 12 mars 1789. — *Comte d'Affry à Montmorin.*

Le comte d'Artois lui ayant demandé des renseignements sur un mémoire du conseil de guerre relatif à l'assimilation des régiments suisses à l'infanterie, d'Affry conseille de renouveler les capitulations sans changements pour éviter mille difficultés.

Dans un mémoire annexé à sa lettre, il expose l'organisation des 26 bataillons helvétiques. Chaque régiment comprend 2 bataillons et chaque bataillon 9 compagnies, dont 1 de grenadiers. Il existe en outre 12 compagnies ambulantes, la plupart colonelles ou lieutenances-colonelles.

— 157 —

55. — 1ᵉʳ avril 1789. — *Troupes suisses.*
Propositions agréées par le roi.

Suppression d'un drapeau et d'un porte-drapeau par bataillon ; réduction à 49 hommes des compagnies de grenadiers ; réorganisation de la compagnie de chasseurs qui serait composée en tout temps de six hommes pour chaque compagnie de fusiliers, ne se réunirait qu'en cas de manœuvre et servirait à part en temps de guerre ; augmentation progressive jusqu'à 63 hommes de l'effectif des compagnies de fusiliers. Ces changements « prépareront l'assimilation des régiments suisses aux autres régiments d'infanterie, quant à ce qui concerne la formation pour les manœuvres ».

— 158 —

65. — 1ᵉʳ mai 1789. — *Bacher à Montmorin.*

Bacher a envoyé aux États catholiques le projet de capitulation. S'il se produit des résistances, il suffira de menacer les principaux magistrats de suspendre les gratifications et pensions royales.

— 159 —

69. — Lucerne, 5 mai 1789. — *Avoyer Pfiffer
de Heydegg, à Bacher.*

Le grand conseil a accepté de suite et unanimement la capitulation modifiée.

— 160 —

70. — 5 mai 1789. — *Müller de Friedberg, grand maître
et ministre de Saint-Gall, à Bacher.*

Müller approuve chaleureusement le projet, mais prévoit des objections de la part de certains États : « Sa Majesté a daigné traiter avec les cantons de Zurich et de Berne ; pourquoi ne le fait-elle pas avec nous ? »

— 161 —

73. — Fribourg, 8 mai 1789. — *De Segeli, ancien commissaire d'Etat, à Bacher.*

De Segeli donne l'opinion « des personnes les plus modérées » de Fribourg. Les cantons doivent être admis à faire, comme le roi, des changements à la capitulation ; de plus, Sa Majesté doit désirer « une accession générale qui serait bien plus prompte si les cantons s'étaient réunis en diète. Aussi bon français que bon suisse, de Segeli se borne à faire des vœux « pour une plus heureuse issue que celle qu'il ose prévoir ».

(Le 10 mai, l'avoyer Werro écrivit à Bacher qu'il espérait voir prendre en considération les représentations de Fribourg « qui n'auraient pas rapport au traitement et ne seraient pas contraires au bien du service ».)

— 162 —

77, 78, 79, 81, 82, 86. — 11 et 12 mai 1789. — *Le landame Schmid, d'Altorf (Ury) ; le landame Hauser, de Neffell ; Müller, de Saint Gall ; le landame Trauler, de Stanz (Unterwald) ; le landame Hedlinger, de Schwitz ; le banneret Colin, de Zug, annoncent à Bacher l'acceptation de la capitulation.*

St-Gall demande deux compagnies pour le Toggenbourg ; le landame de Stanz réclame le cordon de Saint-André et le banneret de Zug « quelques compagnies de plus ». — Hedlinger raconte l'histoire de ses huit filles et de ses sept fils (l'aîné désire une compagnie pour pouvoir placer ses frères) ; il envoie en outre à Bacher la copie d'une inscription qu'il veut placer sur le tombeau de ses illustres ancêtres.

— 163 —

83. — Fribourg, 11 mai 1789. — *Trésorier Odet d'Orsonnent à Bacher.*

Il expose les désirs de Fribourg : avancement des officiers

par ancienneté ; maintien des droits des capitaines envers les grenadiers et les chasseurs qu'ils fournissent ; stipulation d'un terme pour les pensions de retraites et d'invalides ; fixation de l'uniforme et de l'équipement (Cf. aussi 87 et 89).

— 164 —

88. — 13 mai 1789. — *Conseil général d'Altorf (Uri) à Bacher.*

Les magistrats ont communiqué la nouvelle capitulation à leurs officiers au service de la France, pour leur faire connaître « la sollicitude paternelle avec laquelle le meilleur des rois s'est occupé de leur sort ». Ils espèrent qu'en retour ceux-ci seront favorisés pour l'avancement, et qu'eux mêmes participeront largement « à la distribution des bienfaits du roi ».

— 165 —

92. — 14 mai 1789. — *Fribourg à Lucerne.*

Il est nécessaire, avant tout, de « se consulter confidentiellement », et d'amener les autres Etats catholiques à envoyer au plus tôt des députés à une « entrevue commune ».

(Bacher reçut le même jour la proposition de Fribourg. Le 22 mai, l'avoyer lucernois Pfiffer lui écrivit que Fribourg était averti qu'on se passerait de son adhésion à la capitulation, si elle n'était pas arrivée le 1er juin.)

— 166 —

108. — 23 mai 1789. — *Bacher à Montmorin.*

Les Etats catholiques ont accepté la capitulation, sauf Appenzell et Fribourg. — Il faut continuer à traiter MM. de Fribourg « avec la même indifférence » : si on leur envoie la nouvelle capitulation générale à signer à leur tour de canton, « ils n'oseront certainement pas s'y refuser ».

— 167 —

113. — 2 juin 1789. — *Fribourg à Montmorin.*

Le canton accepte la capitulation, « les circonstances actuelles ne permettant pas de s'occuper » des réclamations particulières à Fribourg ; on joint celles-ci à la lettre d'acceptation, afin qu'elles fussent examinées en temps opportun.

(Le 11 juin, Lucerne envoya à Bacher la réponse favorable des Etats catholiques, y compris celle d'Appenzell arrivée le 10 ; le 12 juin, Bacher écrivit à Montmorin qu' « en laissant la lettre particulière de Fribourg sans réponse, tout serait rentré dans l'ordre ».)

— 168 —

126. — Berne, juin 1789. — *Avoyer Sinner à Bacher.*

Un Comité dirigé par Frisching accélère l'examen du projet de capitulation.

Le Conseil est aussi occupé d'une dépêche de Montmorin demandant une nouvelle garantie de l'Edit de Genève du 10 février : « Nous trouvons dans cet édit, forgé *inter-arma* et fait à la hâte par quelques meneurs et un conseil très intimidé, des articles qui ne nous conviennent de tout point vis-à-vis de nos intérêts du pays de Vaud... L'exercice de la dernière garantie nous a coûté passé 500.000 livres de notre argent, et la confiance de la majeure partie de ce peuple inquiet ».

— 169 —

127. — 13 juin 1789. — *Note insérée à la suite des observations sur le projet de capitulation générale envoyée par le département de la guerre au ministre des affaires étrangères.*

Il y a onze compagnies ambulantes (trois dans Diesbach, et deux dans chacun des régiments de Castella, Vigier, Châteauvieux et Salis-Samade). « Il serait à désirer qu'on pût en faire avouer quelques-unes », comme le demandent d'ailleurs Schwitz, Ury et Saint-Gall. Les officiers actuels ne seraient remplacés qu'en cas de vacance par des officiers du Canton qui aurait avoué la compagnie, c'est-à-dire qui aurait « permis de la recruter parmi ses bourgeois et sujets ».

— 170 —

128. — Juin 1789. — *Montmorin à Bacher.*

Notre projet est un ultimatum. Pour raison d'économie, on ne pourra augmenter ni le nombre des régiments ni celui des compagnies.

— 171 —

129. — 14 juin 1789. — *Trésorier Frisching à Bacher.*

Le projet de capitulation du régiment d'Ernst « n'accorde rien de tous les petits changements que les officiers bernois désiraient ». « On s'est rabattu tout uniment sur la capitulation de Zurich... Les fils de famille chercheront à se vouer à un autre état.., et les recrues renchériront toujours davantage, ce qui ruinera les capitaines... On n'ira à Soleure que lorsqu'il s'agira de signer. »

— 172 —

147. — 15 juillet 1789. — *Note de Bacher sur la capitulation générale.*

Le projet doit être « considéré comme invariable » surtout pour le régiment d'Ernst. « On a fort gâté les bernois depuis quelques années en leur permettant de négocier directement avec la Cour... En les renvoyant à l'ambassade, ils s'estimeront heureux de signer la capitulation telle qu'elle leur a été envoyée. »

— 173 —

175. — 13 août 1789. — *Bacher à Montmorin.*

L'Etat de Zurich réclame la liberté du baron de Besenval détenu à Brie-Comte-Robert. Les nouvelles inquiétantes « font renaître dans quelques cantons le projet de se réunir en Diète ».

— 174 —

176. — 13 août 1789. — *Conseils de Fribourg à Bacher.*

« Une conférence commune et préparatoire est absolument nécessaire. » La Commission militaire a dressé une longue

liste (en 47 articles) de modifications à apporter à la capitulation générale : engagément de Sa Majesté à ne faire aucun
changement sans la participation et l'agrément des Louables
Etats ; permanence des compagnies de chasseurs ; maintien
à 63 hommes de l'effectif minimum des compagnies ; défense
à tout capitaine de conserver sa compagnie après avoir quitté
le service ; choix des majors parmi les capitaines des régiments compris dans la capitulation, habiles au gouvernement ;
réglementation des pensions d'invalides, de l'habillement et
de l'équipement ; suppression du versement mensuel de 100 livres par les capitaines, à la caisse du régiment, pour les recrues de leurs compagnies ; fixation préalable de la durée de
la capitulation, etc. (Voir aussi **421** 177).

— 175 —
183. — 21 août 1789. — *Bacher à Montmorin.*

Les réclamations de Fribourg équivalent à un refus formel. Elles sont dues sans doute à l' « astuce » de Berne qui
veut gagner du temps pour sa capitulation ; mais ces manœuvres seront inutiles si l'on passe outre avec les 6 cantons catholiques qui n'attendent que les documents pour les signer.

— 176 —
185. — 24 août 1789. — *Directoire de Zurich aux Etats.*

Il leur communique une lettre des officiers subalternes du
régiment des Gardes, qui demandent qu'on suspende toute
négociation avant l'examen de leurs « représentations détail-
lées ». — Le Directoire, « très disposé à concourir à tout ce
qui paraîtra désirable et le plus avantageux » pour les cantons, leur demande leur avis là-dessus.

— 177 —
189. — 27 août 1789. — *Vérac à Montmorin.*

Arrivé le 25, Vérac a envoyé ses lettres de créances à Zurich (et une copie à Soleure). Il propose de commencer au

début d'octobre, à mesure que le produit de la vente des sels arrivera à l'ambassade, le paiement des pensions aux can‑tons qui auront signé la capitulation.

— 178 —
191. — 3 septembre 1789. — *Vérac à Montmorin.*

Soleure s'est adressé au corps catholique pour obtenir la conférence dilatoire proposée par Fribourg. — Afin de cou‑per court aux intrigues, Vérac a fait signer la capitulation par les six premiers cantons consentants et l'abbé de Saint‑Gall. Les places de Fribourg, Soleure et Appenzell restent en blanc.

— 179 —
192. — 5 septembre 1789. — *Lucerne à Vérac.*

En échange de sa signature, le canton demande le verse‑ment des arrérages de sel, arrérages qui s'élèvent déjà à 45.000 quintaux.

— 180 —
207. — (13) septembre 1789. — *Appenzell à Vérac.*

Le canton renvoie sa signature « jusqu'au développement ultérieur des événements ».

— 181 —
208. — septembre 1789. — *Zug à Vérac.*

Zug accepte de signer, mais demande une augmentation d'effectif : au lieu d'une compagnie de 63 hommes, il possé‑dait il y a 25 ans deux compagnies avouées de 120 hommes et une compagnie aux Gardes.

— 182 —
209. — 18 septembre 1789. — *Vérac à Montmorin.*

Il est urgent d'accorder au Conseil helvétique la liberté de Besenval. Les Etats démocratiques projettent de tenir une conférence au sujet de la lettre des officiers des Gardes.

Lucerne a reçu paiement des pensions générales.

— 183 —

215. — 27 septembre 1789. — *Comte d'Affry*
au Conseil helvétique

Il proteste contre la conduite des officiers des Gardes, qui se sont assemblés sans sa permission, et ne lui ont remis copie de leur adresse qu'après l'envoi de l'original. Le 27 août, ils lui ont écrit une lettre d'excuse, et lui ont communiqué à temps leur deuxième adresse. La première a pour but de donner au règlement des Gardes la durée de la Capitulation générale de l'infanterie ; or ce règlement ne fixe aucune époque pour sa cessation ou son renouvellement.

D'Affry demande le cas qu'il faut faire de ces adresses.

(Le 3 octobre, le Directoire de Zurich répondit qu'il les avait communiquées aux Etats.)

— 184 —

216. — 1ᵉʳ octobre 1789. — *Vérac à Montmorin.*

Vérac a refusé aux députés de Fribourg, après une conférence de deux heures, les modifications demandées. Il leur a donné « huit jours de réflexion », après lesquels « Sa Majesté sera en droit de marquer à l'Etat de Fribourg son mécontentement ».

— 185 —

225. — 13 octobre 1789. — *Schwitz à Louis XVI.*

Le canton n'a plus qu'une compagnie aux Gardes ; il demande qu'on lui rende les 3 compagnies supprimées il y a 25 ans parce qu'il n'avait pas agréé de suite « les changements faits dans le service ».

— 186 —

228. — 15 octobre 1789. — *Soleure à Vérac.*

Compte rendu des décisions de la commission spéciale : elle réclame une retraite progressive pour les officiers, le rapprochement des garnisons, l'octroi aux troupes suisses de tous les avantages accordés aux troupes françaises, etc. Le tout doit être stipulé dans une lettre annexée à la capitulation.

— 187 —

223. — 22 octobre 1789. — *Fribourg à Vérac.*

Fribourg ne pourra signer que si la levée extraordinaire de 16.000 hommes (traité de 1715) est restreinte à 6.000 selon l'alliance de 1777, si on écarte le règlement des Gardes suisses de 1763, et si la lettre annexe est renouvelée avant l'échange des capitulations.

(Le 26 octobre, Vérac proposa à Montmorin de laisser servir Fribourg sur le même pied que Glaris, Bâle, Schaffouse et Appenzell protestants, non compris dans la capitulation de 1764. On attendrait ainsi des circonstances plus favorables : n'avait-on pas lu, le 22, au Grand Conseil de Fribourg une lettre annonçant que les officiers de Castella avaient dû se cotiser pour payer leurs soldats ! — Le 27, Montmorin écrivit qu'on passerait outre aux « prétentions inadmissibles » de Fribourg et Soleure.)

— 188 —

241. — 2 novembre 1789. — *Etats démocratiques à Louis XVI.*

« Depuis 25 ans, presqu'aucun des nôtres n'est parvenu à des emplois supérieurs que par le plus heureux hasard... Pour parvenir à ces places la voie ordinaire a été celle de la recommandation. »

(Le 19 novembre, Vérac engagea Montmorin à leur adresser « une réponse affectueuse »

Le 20 novembre, Ury demanda une compagnie aux Gardes en sa qualité de premier canton démocratique.)

— 189 —

250. — 29 novembre 1789. — *Ville de Bienne à Montmorin.*

Depuis trois siècles la ville de Bienne a traité directement avec la France en sa qualité d'Etat libre. Or la capitulation du régiment de Reinach (autrefois Eptingen), conclue en 1768

entre Sa Majesté et l'évêque de Bâle, exclut de l'état-major
les officiers protestants. Bienne pense qu'on a dû « surprendre
la religion des souverains », et demande le transfert de sa
compagnie à un autre régiment.

422   — 190 —
   3. — 4 janvier 1790. — *Comte d'Affry à La Tour du Pin.*

D'Affry craint que la suspension du recrutement et d'une
grande partie des rengagements ne produise « un effet fâ-
cheux » en Suisse. Il faudrait que les 11 régiments suisses
fussent avertis que cette mesure ne les concerne point.

— 191 —
   21. — 6 mai 1790. — *Montmorin à Vérac.*

Le ministre admet comme seuls moyens d'accession à tous
les grades le talent et la persévérance, sauf pour le régiment
des Gardes qui exige de la fortune.

— 192 —
   25. — 10 mai 1790. — *Conseil secret de Berne à Montmorin.*

Le régiment d'Ernest est en proie, à Marseille, à la plus
grande indiscipline. Si on ne l'en éloigne au plus tôt, ce sera
la ruine totale.

(Le 29 mai, La Tour du Pin écrivit à Montmorin que le régiment bernois ne quitterait Marseille que lorsqu'il n'y aurait
plus « de nouveaux malheurs à craindre ».)

— 193 —
   209. — 1er janvier 1791. — *Règlement sur la solde et les
appointements des troupes suisses.*

Les 11 régiments conserveront le nom de leur colonel et prendront dans l'infanterie le rang de leur création : Ernest, 63e ;
Salis-Samade, 64e ; Sonnenberg, 65e; Castella, 66e; Vigier, 69e;
Châteauvieux, 76e; Diesbach, 85e; Courten, 86e; Salis-Gri-
sons, 95e ; Steiner, 97e ; Reinach, 100e.

Solde : colonel, 12.000 livres ; lieutenant-colonel, 3.000 ; capitaine, 1.800, sans compter les indemnités, gratifications, rations, etc.., Les officiers de Steiner et d'Ernest reçoivent ainsi 10.000 livres par an.

— 194 —

224. — 2 avril 1791. — *Lettre de Bacher*.

L projet de Capitulation sort de sa *léthargie* ; mais les gens influents ne cherchent plus qu'à faire « une nouvelle ponction » à la caisse de l'ambassade. Il ne faut pas s'écarter du projet signé le 1er septembre 1789, augmenté du règlement du 1er janvier 1791.

423.   — 195 —

5. — 25 avril 1791. — *Observations de Vérac*.

Toutes les difficultés proviennent du désir qu'ont Fribourg et Berne d'enlever à d'Affry et à son sucesseur le droit de disposer des places d'officiers aux Gardes suisses.

— 196 —

70. — (juin) 1791. — *Zurich à Montmorin*.

Le Directoire proteste contre le paiement des troupes en assignats. Il appuie une réclamation des officiers de Steiner.

— 197 —

74. — 28 juin 1791. — *Expilly, évêque du Finistère, à Montmorin*.

Expilly appuie la demande des « députés de Brest » en faveur des soldats de Châteauvieux « qui paraissent bien intentionnés pour la Constitution ».

(Le 5 juillet, Montmorin « recommande cette affaire » à Vérac, au garde des sceaux et à d'Affry ; en l'annonçant à Expilly, il lui exprime l'espoir de lui apprendre bientôt le succès, malgré l'approbation par les Cantons du jugement du Conseil de guerre.)

— 198 —

87. — 15 juillet 1791. — *Vérac à Montmorin.*

« Tous les Cantons ont été indignés de la révolte du régiment de Châteauvieux et ont unanimement regardé comme traités avec trop de clémence ceux... qui ont été soustraits au dernier supplice. »

Vérac a pris sur lui de surseoir à l'exécution des ordres du ministère.

— 199 —

90. — 18 juillet 1791. — *Les Cantons suisses aux chefs de corps et capitaines des troupes au service du roi.*

« Les Etats assemblés en corps ont unanimement arrêté qu'il soit sur le champ par chacun d'eux envoyé des ordres très précis de ne point prêter de nouveau serment sans le consentement de leurs souverains. »

— 200 —

163 et 182. — 25 août et 16 septembre 1791. — *D'Affry à Montmorin.*

Le décret du 24 juillet supprimant la maison militaire du roi ne parle pas du régiment des Gardes suisses. D'Affry expose combien sa destruction serait préjudiciable aux premières familles des Cantons.

Le 16 septembre, d'Affry déclare que ce régiment ne peut cesser d'être ce qu'il est que par le consentement du Corps helvétique. Les capitaines réclament « les bons offices » de Montmorin.

Dans des observations annexes (f. 183), d'Affry émet l'idée que les Gardes suisses pourraient former deux régiments de deux bataillons qui conserveraient leurs officiers et prendraient dans les troupes de ligne leur rang d'ancienneté. Il était alors composé de 4 compagnies, 1 de grenadiers et 3 de fusiliers.

— 201 —

216. — 11 octobre 1791. — *Montmorin au ministre de la guerre du Portail*.

L'Assemblée nationale ayant témoigné, avant de se séparer, le désir que la Capitulation générale soit renouvelée, Montmorin demande les renseignements nécessaires.

VI

DEMISSION DE VÉRAC. — BACHER CHARGÉ D'AFFAIRES.
(juillet 1791-janvier 1798).

423. — 202 —

80. -- (juin 1791). — *Vérac à Montmorin.*

Le courrier ministériel a maltraité la sentinelle de Soleure qui lui ordonnait d'enlever sa cocarde nationale. Cette cocarde est interdite dans les Cantons depuis qu'elle a servi de signe de ralliement aux révoltés du pays de Porrentruy et du pays de Vaud. Deux membres du Conseil qui voulaient faire entendre raison au courrier, « ont été insultés par lui de la manière la plus atroce ». Il a déclaré aux gens de l'ambassade qu' « au retour du roi à Paris, on y verrait bien autre chose que quand on y avait reconduit M. Foulon et M. Berthier ».

L'annonce de l'arrivée de Sa Majesté à Metz « avait causé à Soleure la joie la plus vive ».

(Pour la démission de Vérac envoyée le 8 juillet, cf. plus loin, n° 213.)

— 203 —

96. — 22 juillet 1791. — *Montmorin à Bacher.*

« Je mande à M. de Vérac de vous accréditer dans la forme usitée en cas d'absence de l'ambassadeur... Vous mettrez tous vos soins à calmer les esprits... Je ne doute pas que d'ici à 15 jours ou trois semaines les choses n'aient repris avec avantage pour le roy la marche quelles avaient précédemment... On s'occupe beaucoup de donner satisfaction aux Cantons. » On fera tout ce qui sera nécessaire pour conserver une alliance « aussi précieuse que celle de la Suisse ».

— 204 —

98. — 22 juillet 1791. — *Vérac à Montmorin.*

Il se plaint que son secrétaire Meyer soit retenu à Neuf-Brisach, malgré ses ordres. C'est lui qui devrait rester chargé d'affaires, vu que Bacher l'a été après le départ de Vergennes.

— 205 —

106. — 26 juillet 1791. — *Vérac à Montmorin.*

Montmorin a écrit à l'ambassadeur que « les circonstances n'avaient pas permis au roi d'expliquer ses intentions », et il ne lui a pas envoyé de lettre de recréances, tout en lui demandant d'accréditer Bacher.

Vérac n'a pourtant pas caché ses intentions au Corps helvétique. Il se retirera avec ses enfants dans une maison louée à un quart de lieue de Soleure. Il ne peut accepter aucune récompense : « Quand le roi sera rentré dans ses droits, quand Sa Majesté pourra librement prononcer sur mon sort, j'attendrai avec confiance de sa bonté et de sa justice celle qu'Elle daignera me destiner. »

— 206 —

114. — 30 juillet 1791. — *Bacher à Belland.*

« M. Moreau se promène et s'amuse. Je vais en faire de même, n'y ayant que des coups à gagner lorsqu'on veut faire son devoir, sans qu'on en sache le moindre gré. »

— 207 —

120. — 2 août 1791. — *Montmorin à Vérac.*

La forme des lettres de rappel n'est pas fixée et il ne faut pas s'exposer à ce que les Cantons manifestent un refus, « à la veille de voir les affaires reprendre leur cours ».

Vérac doit accréditer Bacher et ne plus s'occuper des affaires. Il est dans la situation d'un ambassadeur en congé.

— 208 —
133. — 9 août 1791. — *Bacher à Montmorin.*

Vérac vient seulement de lui remettre les lettres de Montmorin, et a laissé au ministre le soin de l'accréditer. Il va, en
attendant, « s'accréditer lui-même », comme en 1784, après
la démission de M. de Polignac.

(Le même jour, Vérac envoie encore, comme ambassadeur,
deux lettres des Cantons à Montmorin.)

— 209 —
137. — 10 août 1791. — *Bacher à Zürich.*

Il annonce qu'il est chargé d'affaires depuis le 22 juillet, et
demande qu'on en informe toutes les républiques.

— 210 —
138. — 10 août 1791. — *Vérac à Montmorin.*

« Tant que ma démission n'est pas acceptée librement et
formellement par le roi, je ne puis abandonner le poste que
Sa Majesté m'a confié.., ni prendre d'autres guides que l'honneur et la fidélité que j'ai jurée à mon souverain ; je croirais
également manquer à l'une et à l'autre en donnant à M. Bacher un caractère qui obligerait le Corps helvétique à le regarder comme l'organe des intentions et des ordres du roi. »

Vérac avisera le Corps helvétique de la situation et ne cor-
respondra plus avec le ministre. Il a remis à Bacher tous les
papiers de l'ambassade.

— 211 —
140. — 12 août 1791. — *Vérac au Corps helvétique.*

Il lui annonce la démission « que des circonstances impé-
rieuses et malheureusement trop connues viennent de l'obli-
ger de supplier Sa Majesté d'agréer ».

— 212 —
151. — 16 août 1791. — *Bacher à Belland.*

Sa mission à Porrentruy a eu « tout le succès désiré ». Le

délégué impérial (de Greiffeneg) est le premier à conseiller au prince de donner à la France les assurances les plus positives de fidélité « par le canal de l'Assemblée nationale ». En le reconduisant jusqu'à Bienne, de Greiffeneg (administrateur de la régence de Fribourg en Brisgau), lui a fait présumer que Léopold « s'estimerait heureux d'avoir une constitution pareille à la nôtre ». — Bacher « a d'abord cru qu'il plaisantait ».

— 213 —
258. — 20 août 1791. — *Directoire de Zurich aux Etats.*

Il leur notifie la démission de Vérac, démission qui exige « un examen attentif et soigneux » à cause de sa « forme insolite »'.

Vérac écrivait à Montmorin le 8 juillet que le roi n'étant plus libre « il lui devenait impossible d'être l'interprète des sentiments qu'on pourrait lui supposer ». Seuls le roi ou la mort doivent le dégager de ses serments. En priant Sa Majesté d'accepter sa démission, il lui donne la seule preuve possible en ce moment de son zèle et de son inviolable fidélité.

— 214 —
162. — (août 1791). — *Zurich à Bacher.*

MM. de Zurich ont communiqué sa lettre aux Cantons, « convaincus de sa dextérité distinguée et de son désir de leur complaire ».

— 215 —
164. — (août 1791). — *Montmorin à Vérac.*

Il lui reproche de n'avoir pas accrédité Bacher, d'avoir « provoqué des observations qui n'auraient peut-être pas été faites » et « rompu une correspondance qui aurait très bien pu se suivre » jusqu'au moment prochain où le rétablissement de l'ordre aurait permis au roi de lui donner un successeur. « Je suis très fâché, Monsieur, conclut-il, que vous ayez envisagé cet objet sous un point de vue contraire au bien des affaires ».

— 216 —
168. — 27 août 1791. — *Soleure à Zurich.*

Soleure refuse de reconnaître Bacher qui ne peut s'accréditer lui-même et aurait dû au moins montrer la lettre de Montmorin du 22 juillet. Les Cantons auraient à craindre d'attirer
sur eux « les regards de toutes les puissances étrangères ».
Soleure s'en remet pourtant « à la sage pénétration des Etats ».

— 217 —
168. — 29 août 1791. — *Bacher à Belland.*

« J'ai fait chanter selon l'usage une grand'messe en musique le jour de la Saint-Louis..., et donné aux cordeliers et
capucins de quoi faire bombance. Il y a eu à quelques cents
toises de la ville une grand'messe chantée par l'archevêque
de Besançon à laquelle les émigrants ont assisté. »

— 218 —
172. — 31 août 1791. — *Bacher à Belland.*

Il va aller payer les Cantons afin de « faire honneur au roi
et de prouver à tous ces vachers et marchands de fromages
que nous ne sommes pas aussi coulés bas que l'engeance des
courtisans qui rodaille partout peut le faire accroire ». « Tandis que mon patron (ajoute Bacher), dégarnit la caisse qu'il
aurait enlevée en entier si je ne m'étais trouvé là,.. j'expc se-
rai toute ma fortune pour remplir ponctuellement les engu-
gements pécuniers du roi six semaines plus tôt que l'année
dernière. »

— 219 —
185. — 6 septembre 1791. — *Soleure à Zurich.*

« On devrait déclarer à Son Excellence le marquis de Vérac,
au nom commun de tout le Corps helvétique, dans les termes
les plus ardents et les plus obligeants, que nous le regarde-
rons comme ambassadeur accrédité par Sa Majesté très chrétienne, même près de nous, tant que Sa dite Majesté n'aura

pas adressé des lettres de récréance et de rappel dans la forme diplomatique accoutumée. »

(Zurich communiqua cette lettre aux Etats le 16 septembre).

— 220 —
175. — 7 septembre 1791. — *Zurich aux Etats.*

Par une lettre du 27 août, Montmorin, « sans donner de caractère à M. Bacher, prévient (les membres du Directoire) que, pour entretenir la correspondance, ils pouvaient lui donner créance jusqu'à ce que Sa Majesté ait accrédité un nouvel ambassadeur ». Comme il ne faut « rien précipiter par une déclaration précise », Zurich propose un simple récépissé.

— 221 —
194. — 24 septembre 1791. — *Bacher à Belland.*

« M. Dohm n'a vu que des gens reconnus publiquement pour attachés à des clubs publics en Suisse ; il n'a vu les chefs et les gens en place et en crédit que pour la forme.., Ce qui rend ma position désagréable et mon zèle presque nul, c'est, mon bon ami, que le ministre par sa lettre du 20 septembre ne m'accrédite pas davantage que par celle du 10 août. Je ne puis faire usage de cette lettre qui produirait le plus mauvais effet. »

— 222 —
195. — 20 septembre 1791. — *Montmorin à Zurich.*

Sa Majesté ayant agréé la démission de Vérac, les Cantons doivent « ajouter foi à tout ce que M. Bacher, chargé d'affaires du roi en Suisse, aura ordre de faire parvenir soit au Corps helvétique, soit à chacun de ses membres, jusqu'au moment où Sa Majesté accréditera auprès d'eux un nouvel ambassadeur ».

(Le 28, Bacher réclame encore à Montmorin une lettre officielle de chargé d'affaires ; Zurich avertit les Etats qu'il répondrait au roi par le canal de Bacher « comme secrétaire

d'ambassade ». Le 29, Bacher écrivit à Belland que Zurich
mettrait à la raison les cantons qui ne le reconnaîtraient
point ; Lucerne proposa à Zurich d'envoyer à Montmorin un
simple accusé de réception, et de répondre en même temps à
Monsieur et au Comte d'Artois ; Fribourg, averti de l'acceptation par Sa Majesté de la « soi-disante constitution française »,
proposa la convocation d'une diète extraordinaire. Le 4 octobre, Montmorin écrivit encore à Zürich que « Sa Majesté avait
choisi Bacher pour son chargé d'affaires ».

— 223 —

221. — 14 octobre 1791. — *Vérac à Montmorin.*

Il a reçu ses lettres de rappel, mais il ne peut « transmettre
au Corps helvétique les ordres que lui adresse Sa Majesté,
puisqu'il lui est impossible de les regarder comme librement
émanés d'elle ». Il ne saurait se reprocher « un sentiment
qu'il partage avec les augustes frères de Sa Majesté, avec ses
plus fidèles sujets,... avec l'Europe entière ». Il renvoie à
Montmorin le paquet envoyé en le priant de le faire parvenir
au Corps helvétique par la voie qu'il jugera à propos.

Signé : « L'ambassadeur du roi en Suisse, Vérac. »

— 224 —

231. — 25 octobre 1791. — *Montmorin à Vérac.*

« Sa Majesté a été très fâchée de vous voir méconnaître ses
ordres. » Bacher transmettra les lettres de rappel.

(Le 9 novembre, Zurich proposa au Corps helvétique le
compliment d'adieu à Vérac, et le compliment à Bacher).

— 225 —

247. — 19 novembre 1791. — *Bacher à Belland.*

« Je pars en ce moment pour Lucerne où je ramasserai tous
les écus que je trouverai pour payer Zug ; de là, j'irai dévali-
ser tous les gens à argent à Zurich pour payer les deux Glaris,
les deux Appenzell et l'abbé de Saint-Gall, le tout pour la plus

grande gloire de Dieu. Soleure sera payé la semaine prochaine, ainsi que la sérénissime république de Bienne. Fribourg m'embarrasse, parce que je ne sais pas où trouver le
premier sol : la Providence y pourvoiera. » Le Valais recevra
71.000 livres et Soleure 25.000 livres ; ces allocations n'étant
pas annuelles, le ministre doit y pourvoir. M. Durvey vient de
promettre pour 25.000 francs d'assignats.

— 226 —

254. — 1er décembre 1791. — *Bacher à Belland.*

« Je suis occupé dans ce moment à faire à Soleure la distribution des gratifications *à la volonté du roi,*aux membres des
Petit et Grand Conseils qui sont inscrits sur le rôle de la distribution, ainsi qu'à près de 400 bourgeois de cette ville. J'ai
ramassé environ 10.000 livres pour un commencement de
payement de Fribourg.

(Le 7, Bacher fit observer que plusieurs membres du Conseil qui n'avaient pas retiré ce qui leur revenait se présentè-
rent cette fois au paiement. Le 14 décembre il annonça qu'il
aurait fini la distribution au nouvel an, sauf les 25.000 livres
dues à Soleure et les 80.000 livres dues à Berne, somme que
« les fermiers généraux nous avaient escamotée, en prenant
d'avance le prix des sels marins et des sels de Lorraine déli-
vrés à cette République ».

— 227 —

284. — 27 décembre 1791. — *Delessart à Bacher.*

Il lui annonce la nomination de Barthélemy, ministre plénipotentiaire à Londres.

424   — 228 —

2. — 28 janvier 1792. — *Louis XVI « à nos très chers grands
amis, alliés et confédérés les bourgmestres, advoyers, landa-
mans et conseils des Ligues suisses des Hautes Allemagnes »*.

Le roi annonce le nouvel ambassadeur, désireux « de maintenir l'alliance et les engagements de tout genre qui unissent la France à la Suisse ».

— 229 —

7. — 4 février 1792. — *Corps helvétique à Barthélemy.*

« Nous n'avons pas voulu différer d'assurer V. E. de la réciprocité de nos dispositions amicales ».

Vu et lu :

Le 10 mai 1907,

Le Doyen de la Faculté des Lettres

de l'Université de Besançon,

ED. COLSENET.

Vu et permis d'imprimer :

Besançon, le 10 mai 1907,

Le Recteur,

Président du Conseil de l'Université,

E. ARDAILLON.

INDEX DES NOMS DE PERSONNES

TABLE DES MATIÈRES

Imp. J. Thevenot, Saint-Dizier (Haute-Marne)

www.ingramcontent.com/pod-product-compliance
Lightning Source LLC
Chambersburg PA
CBHW052210270326
41931CB00011B/2298